会计思维＋数智赋能

数字会计转型密码

李 敏 著

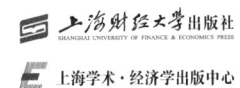

上海财经大学出版社

上海学术·经济学出版中心

图书在版编目(CIP)数据

会计思维+数智赋能:数字会计转型密码/李敏著.
—上海:上海财经大学出版社,2024.7
ISBN 978-7-5642-4362-3/F.4362

Ⅰ.①会… Ⅱ.①李… Ⅲ.①会计学 Ⅳ.①F230

中国国家版本馆 CIP 数据核字(2024)第 073587 号

□ 责任编辑　李嘉毅
□ 封面设计　贺加贝

会计思维+数智赋能
——数字会计转型密码
李　敏　著

上海财经大学出版社出版发行
(上海市中山北一路 369 号　邮编 200083)
网　　址:http://www.sufep.com
电子邮箱:webmaster @ sufep.com
全国新华书店经销
上海华业装潢印刷厂有限公司印刷装订
2024 年 7 月第 1 版　2024 年 7 月第 1 次印刷

710mm×1000mm　1/16　11.25 印张(插页:2)　184 千字
定价:68.00 元

前　言

会计发展源远流长、底蕴丰厚，在社会经济舞台上纵横捭阖，从不缺席。为什么经济越发展，会计越重要？为什么会计越发展，社会越进步？会计思维根深叶茂、博大精深，凝聚着理财的智慧与精华，养育着稳健担当的品格，极具思想内核的稳固性和精神文明的传承性，且历久弥新、长盛不衰。

坚持先立后破、稳中求进、以进促稳，这是党中央确立的经济工作的方法论。数智转型，会计先行。在梳理与整合正确的、有效的、优秀的会计思维、与时偕行的数智认知的基础上，破除不合时宜的思维、画地为牢的内耗、纠缠不清的内卷，积极推进核算型转向数智型。在业财融合、算管融合、数实融合的智能化进程中，能够以数赋能、以智增能，就会互补共进、合作共赢。

经济活动很复杂，再现复杂状态的会计系统需要深度思考。会计思维体现了面对复杂现实的判断能力与履职本领，是会计智力的核心，直接影响会计活动的效能。丰富的会计思维及其文明成果不仅生动诉说着过去，而且深刻影响着当下和未来。会计思维+数智赋能，使数字会计如虎添翼，促进数据要素乘数效应的发挥，是会计成功转型的奥秘。

本书源于作者长期研修会计问题的积累，通过归纳会计思维，提炼理财精华，促进增智赋能，助力会计行稳致远。全书分为三个部分：第 1 章从会计之变与会计存亡之问入手，阐述会计思维的独特功能与积极作用，提炼会计思维的分类内容及其理财精华，剖析会计思维与数智化进展的辩证关系；第 2 章至第 7 章为会计思维+数智赋能的六个专题，分别对如实思维、平衡思维、合规思维、谨慎思维、理财思维、价值思维及其相应的数智赋能内容做出深入浅出的解析、知行联动的阐发、学思践悟的引领，凸显会计思维的专业特质与理性认知，诠释数字量化与数智赋能的应用场景和发展动态等；第 8 章做出总结，归纳了会计事业与会计前景、科学思维与会计智慧、共享思维与大会计学、会计优势与会计未来等前瞻性内容。全书观念新颖，分析精辟，广征博引，可读性强。

本书是资深注册会计师、资产评估师、高级会计师、主任会计师李敏的著作。作者于1975年始学会计时就听老师在课堂上直呼"会计工作万年青""越老越吃香"；于1977年担任会计科长，后提拔为财务副厂长，主管会计工作，深感会计对经济管理的积极作用；于1983年跨进校门，教书育人，被提升为校长，热衷于会计教育，桃李满天下，更加深信会计对经济发展的重要性；于1994年成为中国注册会计师后，审会计、管会计、教会计、写会计，风雨兼程，感悟良多。回眸结缘会计的半个世纪，作者庆幸能择一事终一生，并受益于学用结合、知行合一，以致思索不停、领悟不断、写作不止。

得益于丰富的会计审计实践、管理经验与从教经历，作者受聘多所著名大学客座教授、财务会计咨询专家和司法会计鉴定专家，已出版《内部会计控制规范与监控技术》《会计控制与风险管理》《企业内部控制规范》《公共部门控制规范》《小企业内部控制——自主管控的路径与方法》《危机预警与财务诊断——企业医治理论与实践》《洞察报表与透视经营——算管融合的财务分析逻辑》《自控智慧与卓越管理——谨防失控的制胜法宝》等著作近百本。本书凝聚了作者长期潜心研学的感悟、不断实践的认知与辛勤笔耕的积累。

本书适合会计人和审计人、经营者和管理者、相关的数字工程师和软件设计员等阅读，也可供本科及高职高专教学使用。教育不仅要传授知识，更要传授思维方式。变革越快，思维越要正确且有效，行动才能正确且坚定。

礼赞文明重在传承创新，致敬会计思维最好能继往开来。会计思维＋数智赋能是会计成功的密码，也是开启数字会计转型的密码。本书探究的领域新颖独特，不妥之处敬请读者指正，以期推陈出新、与时俱进。

作者

2024年7月

目录
CONTENTS

第1章　总论 /001
  1.1　会计之变与存亡之争 /001
  1.2　思维正确为成功领航 /005
  1.3　会计思维与理财精华 /009
  1.4　数智赋能与会计转型 /016

第2章　如实思维＋量化择优 /023
  2.1　从如实反映说起 /023
  2.2　如实思维与数字量化 /028
  2.3　数字经营与数字正确 /036
  2.4　数据资产与数据思维 /040

第3章　平衡思维＋智谋自衡 /050
  3.1　从复式记账说起 /050
  3.2　平衡思维与智能核算 /055
  3.3　平衡机理与赋能机制 /061
  3.4　系统平衡与智谋自衡 /067

第4章　合规思维＋智能监督 /075
  4.1　从遵规守矩说起 /075

4.2 合规思维与规则引擎 /079
4.3 底线思维与职业良知 /086
4.4 德法相济与智能监督 /091

第 5 章　谨慎思维＋智控风险 /097
5.1 从厌恶风险说起 /097
5.2 谨慎思维与特别较真 /101
5.3 数据敏感与智觉预警 /106
5.4 数字精益与智控风险 /114

第 6 章　理财思维＋变革融合 /118
6.1 从走出账房说起 /118
6.2 理财思维与数智赋能 /120
6.3 变革思维与数智转型 /127
6.4 融合思维与数据整合 /132

第 7 章　价值思维＋提质增效 /137
7.1 从会计价值说起 /137
7.2 价值思维与价值创造 /143
7.3 提质思维与数智升级 /146
7.4 增效思维与价值衡量 /151

第 8 章　总结 /156
8.1 会计转型前景无限 /156
8.2 学思践悟智赢未来 /160
8.3 共享思维与大会计时代 /169
8.4 会计优势与会计自信自强 /173

第 1 章

总　　论

1.1　会计之变与存亡之争

1.1.1　会计变化前所未有

如今的竞争很大程度上在于思维能力的比拼,只有想得正确、有效、更快更好,才能应对各种变化,具备持续发展的优势。尤其在会计领域,半个世纪的变化天翻地覆,人们的生存压力陡然增大。

20世纪70年代末,我才学会的增减记账法,不久便被借贷记账法和国际通行规则所取代,新知识纷至沓来;刚熟识制度文本的会计新手,就被铺天盖地的"国际趋同"和"准则导向"搞得应接不暇,新领域学不胜学;习惯了历史成本、按部就班的老会计,不得不被公允价值、合并报表"洗心革面",新认知澎湃汹涌;堪堪掌握了电算化、信息化和互联网的人们,又被数字经济和数字会计吸引了眼球,新业态瞬息而至。不少会计人员努力跑赢了自己,却跑输了时代。如何才能跑出数智化转型的加速度?

放眼望去,影响会计生存的环境、工具、方法变化之快前所未有:交易看不见对方,发票是无纸的,凭证在"云"中飞来飞去,账簿被搬到网上翻录,远程照样记账、算账、报账……信息技术与运算速度推动各行各业升级换代。在一个事事靠链接、数据在集成、人人想智能的社会,传统的单一思维正在向智能的多元思维跃迁,不断刷新着人们的认知,改变着会计人员的想法。

1.1.2　会计存亡的困惑与争辩

不少行业此起彼伏,电报、钢笔、磁盘行业已萎缩甚至消失,数码相机代替胶卷,MP3取代CD,GPS系统替换纸制地图……生存还是灭亡?总以"铁饭碗"自居的会计行业惴惴不安。

有人预测,10年后传统会计行业的从业人数会大幅减少;20年后大学不再有独立的会计专业,不再有专职会计从业人员。数字化这个美好的"八音盒",是会计优胜劣汰的"警钟",还是其彻底消亡的"丧钟"？一些论坛直接点名"会计"是最易受人工智能冲击和威胁的职业之一。例如,2023年上半年,第一财经的"头脑风暴"——《人工智能时代的思与辨》中,大部分专家举起的题板上写明了会计是有可能消亡的职业。这样的预言是危言耸听吗?

2017年,麦肯锡全球研究院在《失业,就业:自动化时代的劳动力转移》中预言:到2030年,全球可能有4亿～8亿人因自动化而失业,0.75亿～3.75亿人(占全球劳动力的3%～14%)将需要转换职业类别。其中涉及创意类、技术类、管理类以及社会互动类的岗位需求将增长明显,因为机器还无法在这些领域取代人类。那些在可预测环境中进行物理活动的部分岗位需求将下降明显。能被建模替代的工作,即数据收集与分析工作容易被取代,如办公室支持相关(电脑支持人员、财务人员、行政助理等)、机械操作相关(生产工人、物料搬运机操作员、农业分级机和设备操作员等)。

2020年10月,世界经济论坛发布了《2020年未来就业报告》,预测了未来5年需求降低的20个岗位:第一是基础数据录入员,第二是行政及管理秘书,第三是会计、簿记和工资办事员,第四是注册会计师、审计师……低技术含量的会计工作可能被职能机器取代。2023年3月高盛的研究报告——《人工智能对经济增长的潜在重大影响》也认为,在当前的工作岗位中,有2/3的工作将受到人工智能的影响,1/4的工作将被人工智能替代。

能够"思考"的机器被称为智能机器,与其又快又准相比,人类显得慢而粗心。随着会计机器人的出现,填制凭证、登记账簿、编制报表等系统录入或数据解析功能将由人工智能完成。这些人类工作被取代后,会计就消亡了吗?机器的"思考"不等同于人类的思考,它们能够完全替代人的洞察力来做出适应性调整吗?谁来监控会计机器人为什么干、干了什么、干得怎么样?人类还能做些什么呢?

面对新经济对传统会计的影响和挑战,厦门国家会计学院的黄世忠教授辩证地指出,会计会不会被淘汰,不仅取决于信息技术的进步,而且取决于会计自身的进步。如果会计界观念陈旧、故步自封,老是盯着旧经济、旧业态,没有人研究新经济、新技术,随着信息技术和人工智能的迅猛发展,会计就有可能被淘汰。只有解放思想,积极拥抱科技进步,主动把会计融入科技发展的潮流,会计才会再次焕发活力,跨入新时代。[①]

对会计存亡的担忧与争论由来已久,就连中国注册会计师行业也遭受了前所未有的挑战。复旦大学管理学院的李若三教授通过案例与数据分析,揭示了中国注册会计师行业面临的五大窘境,并直言不讳:注册会计师行业如果不及时变革,就会逐渐衰弱直至被替代或消亡。[②] 李若三在反思行业变化后大声疾呼:不变革,将淘汰;能变革,将发展!

怎样既跑赢自己,又跑赢时代? 只有应变、求生,才能善存、前行;如果不变、落后,就会被裁减、被淘汰。前述世界经济论坛的报告显示,机器和自动化的兴起将在2025年前消除8 500万个就业机会,但与此同时,预计将创造9 700万个新的就业机会。会计职业参与竞争,也存在优胜劣汰的机会。新技术并不意在取代会计人员,而是将会计人员从烦琐的工作中解放出来,使他们将更多的时间和精力投入更需要人类智慧的工作。所以,不必沉湎于"会计消亡"的消极担忧,而应反思自省:为何会消亡? 何种会计会消亡? 怎样才能不消亡?

信息影响思维,思维引导决策。人总是依据自身的目标,通过对信息的理解来决定如何行动。面对日新月异的会计未来,或融入变化,或视而不见,或畏难逃避,后两种人将被淘汰。所以,不能等着变革来"制裁"你,而应拥抱变革去改变自己。既要心动也要行动,学习和成长将助力思维升级。面对同类信息,为什么不同的人会有不同的理解和不同的行为? 信息本身并不直接决定人的行为,思维才是关键。

1.1.3 变与不变的辩证认知

水可随方就圆,随遇而安,可化成气,可结为冰,伸缩自如,顺势而为;但水的化学成分还是H和O。

[①] 黄世忠.当会计遇见新经济[EB/OL].(2017-11-27)[2024-05-09].sohu.com/a/206851718_653379.

[②] 李若三.中国注册会计师行业生存窘境分析及对策[J].财会月刊,2020(14):3-7.

唯一的不变是变化，这种理性认知是洞察事物演变的眼光。世界在变，何不顺势而为，具备"应变"的思维呢？从手工记账进化为会计电算化进而发展成数字会计，人们放下算盘，拿起计算器，又学会操作计算机，进而与智能机器为伍……会计应用的工具及其方式一定会发生变化，这是变化的大势，不可阻挡。

纵横不出方圆，万变不离其宗。这是认知万事万物运行规律和发展方向的哲学思维。变总有轨迹可循、本源可找，其运行规律肯定存在相对不变的部分，所以不妨以不变应万变，学会"不变"的智慧。例如，两百多年的工业史中，先后发生了机械化、电气化、自动化三次工业革命，目前正朝着智能化方向前进，但在整个过程中，制造业的追求依然是低生产成本、高生产效率、高产品质量、高客户满意度。又如，会计工具更新迭代，但如实反映、平衡制约、遵规守矩、谨慎稳健、有效理财、追求价值是不变的思维精华，其蕴含着践行的初心、担当的使命和一以贯之的职业品格。

世易时移，变法宜矣。变与不变，你中有我，我中有你。当不变居于主导地位时，事物处于相对稳定、平衡、静止的状态；当变居于主导地位时，事物处于运动、量变、质变等发展状态。变与不变相互依存，在一定条件下可以相互转化。会计思维的范围包括：处于变动中的本期发生额，处于相对不变中的期初余额和期末余额；处于收支变化中的各项损益和各种现金流量，处于相对静止状态的各种财务平衡状态；等等。洞若观火，明察秋毫，既能看清不断变动的发展态势，又能认知变动中相对不变的法则和规律，善于把握变与不变的辩证关系，就是智者思维。

古往今来，人类一边创造财富，一边耗费资源，于是，既需要不断改革生产技术，又需要对劳动耗费和劳动成果进行记录并加以分析考量。会计有两层基本含义：一指会计工作，二指会计人员。任何经济社会都离不开会计，没有会计，经济社会就无法运转。良好的会计是社会文明的基石，糟糕的会计足以毁灭文明。会计可以新旧交替、起伏波动，这是动态变化的过程，但绝不会"消亡"——只是与社会在互动中所发生的变革而已。

放眼全球，会计语言是商业世界的"通行证"，有经济往来就需要凭借公开透明、标准统一的会计语言进行有效的信息沟通。会计信息始终是经济交往的媒介和手段。国际化的会计语言，既提高了会计信息的可信度和可比性，又减少了跨国企业的会计成本和会计协调费用，有助于全球建立公平、统一的会计环境，促使资源在全球范围内合理配置。

聚焦企业，会计是经济管理最重要的综合部门，为确保经济活动正常有序运行"把关守口"。有创造者，就有破坏者，就需要守护人。尤其是未来的竞争，更需要练"内功"。适合管理具体需求的、灵活便捷的会计信息是经济运行的"温度计"、各种绩效的"体检单"、科学决策的硬支撑，对企业未来的经营更加重要。通晓会计信息，各种经济事务才能在企业内部、企业之间、企业与政府等机构之间交流。实践证明，"会计是管理国民经济必不可少的工具，社会主义经济越发展，会计越重要"[①]。这在数字经济时代必将日益显著。

因为变与不变互相交织、内在循环，所以需要辩证地理解会计的变与不变。会计的变化是绝对的，会计处在不断的运动和发展中，其静止只是一种相对短期的稳定状态，如果联系稳定之前和稳定之后的状态，其也是在变的。但变化肯定有内在规律或规则可循。研究会计思维的重要目的就在于遵循变与不变的认知规律和运行规则，同时以"应变"和"不变"的认知、动态平衡和静态平衡的智慧积极面对会计的未来，与数智化接轨同行、携手共进。

1.2　思维正确为成功领航

1.2.1　从思维活动说起

思维是人脑（思维主体）运用思维方式（观察事物的角度、路径和方法）作用于思维对象（思维客体）的过程。这是一系列复杂的心智活动的过程，因思维环境、思维方式、思维层次、思维领域的不同而具有多元运作、多种表现，且存在较大差异，如东西方文化形成的思维差异、成熟学者与稚嫩儿童的思维差异、高层领导与底层员工的思维差异等。经历不同、专业背景不同，对同一件事就会产生不同的判断。例如，有人认为会计将被替代或消亡，有人却认为随着经济的发展，会计会越来越重要；有人认为划小核算单位或业财融合后会计的职能作用将越来越小，有人却由此要求会计精专业、融业务、驱绩效、求创新、避风险——其职能作用会越来越大。有时候，你不理解某件事，可能是由于理性与非理性的分歧、专业与非专业的天堑、成熟与非成熟的差距等，不对的也许是你的思维方式。有些问题的解决需要多元思维或思维升级。

思维虽然看不见、摸不着，但在认知的表达和行为的表现中显露出来。甲

[①]　这是1978年9月12日国务院发布的《会计人员职权条例》第一章第一条开宗明义的第一句话。

思考问题,不拘泥于当下,高瞻远瞩;乙思考问题,纠结于眼前,鼠目寸光。甲比乙高明。盲人摸象比喻对事物只凭片面或局部的了解就做出判断,那是缺乏科学思维的后果。有些投资人缺乏识别报表真伪的思维,偏听偏信,在荆棘丛生、暗雷密布的商界,只能用血肉之躯横冲直撞。

头脑是思维活动的器官。用心动脑就是在进行思维活动。思,从心,从囟(脑门)。想问题要用头脑考虑、用心灵感受。起心动念影响一切。"思"的古今字形演变摘要如图 1.1 所示。

图 1.1 "思"的古今字形演变

思考要有维度且能维系。维的本义为系物的绳索,表示联结、拴系,有安稳可靠之意。① 维又是几何学及空间理论的基本概念,构成空间的长、宽、高叫维度,直线是一维的,平面是二维的,普通空间是三维的。面对复杂问题,确实需要多维思考。维的古今字形演变摘要如图 1.2 所示。

图 1.2 "维"的古今字形演变

思维是思想的先导,两者不能简单等同。思维是人们认识世界的意识活动和动态过程,侧重于用什么方法、什么维度去想问题,是思想的前提与工具。思想是人们对现实世界的认识成果或理论体系,是通过思维得出的结论,侧重于输出认知定式。动脑筋想出来的结果就是思想,思想是思维的产品与成效。但思维与思想又有联系:不管怎么想,总会得到某种结果;不管什么样的结果,总要经过想的过程;想的过程会用到自己以前的思想或他人的思想;人们经过多角度思维和反复推敲,促使思想成熟起来。从这个意义上说,思维与思想内在

---

① "维,车盖维也。从糸隹声。"出自东汉许慎的《说文解字》,这是中国第一部按部首编排且系统地分析字形和考究字源的字典。本书的古今字形演变还参阅了辽海出版社 2020 年 1 月第 2 次印刷的《说文解字》、上海辞书出版社 2021 年 4 月第 2 次印刷的《常用汉字源流字典》及 https://hao.360.com/等。

关联，广义的思维既包括想的过程，也包括不同阶段想的结果。

内因是变化的根据，是第一位的原因，外因通过内因起作用。思维是认知的内核、行为的指南，其自有气场、很有能量，其既可以吸引人，也可以改变人。中国工程院院士钱旭红教授认为："比知识、学科、思想更重要的是思维。单一的思维必定导致认知的偏差，必须对垄断思维做出改变，才能走向思维的自由，带来思想的多样性。""多一份思考就多一份独立，多一份思考就多一份自由，多一份思考就多一份幸福，多一份思考就多一份希望，多一份思考就多一份力量。""思维比信息更重要。在思维的社会里，思维将成为影响世界的主导力量。思维的传播依赖其天生魅力和自然吸引力，将能展现可改变各行各业的辉煌业绩。思维不可能靠灌输驯化和强权控制得以实现。农业社会、工业社会，更像是物质生产的时代，而信息社会、思维社会更像是思想生产的时代。"[①]

1.2.2 正确的思维引导成功

思维是智力的核心，左右着人生。思维为行为导航，行为只是"买单"。成功=思维×努力×能力。"思维"的分值从－100分到＋100分，"努力"和"能力"的分值均从0分到100分。"思维"有正负之分，决定着该等式的最终走向，体现了"思维"的极端重要性，即成功是思维的转化形式。思维方向正确，乘上"努力"和"能力"，助你披荆斩棘，功成名就；思维方向错误，努力白费，在错误的赛道上一路狂奔，灾难深重。

一位成功人士，首先是一位积极的思考者。言行举止要思维，领悟开窍在思维，增智赋能靠思维。正确有效的思维犹如前行中的指路明灯，会促使人们以积极的态度处理事情，使事情向着有利的方向发展，甚至可以变不利为有利，变平庸为卓越。当然，思想与行为检验着思维，促进思维不断成熟与完善。成功总是内在有序的，思维正确是成功的起点、事业的根基。

"心想"才能"事成"，所以"想清楚"（深思熟虑的思维能力）是第一位的。没有想法，如何成功？解析"道"字，首在上，足在下，意为头脑指挥行动，别盲目乱走。想对了，方法就在其中；想错了，会陷入死胡同，甚至跌入陷阱。当然，不能只有想法，还要有说法、做法（如图1.3所示），即不能停留在"想"的阶段。例如，想要业财融合，就要善于向前、向后、向上、向下拓展思维的空间，具有会计服务

[①] 钱旭红.改变思维[M].上海：上海世纪出版集团，上海文艺出版社，2020：扉页＋新版序言＋81-82.

的延伸性和广泛性,包括善于利用信息及时沟通(能说会写的表达能力)——能让管理层知己知彼是非常重要的会计服务环节,还包括善于找出解决问题的办法去推进工作(思行合一的执行能力)。对于应对问题的策略可以有自己的见解,但见解是否明智很重要。能把想法说清楚、讲明白,让人听得进、记得住、用得上,这叫真本事;如果能把想法、说法转化成一个个具体的方案或行动,那就是大智慧了。

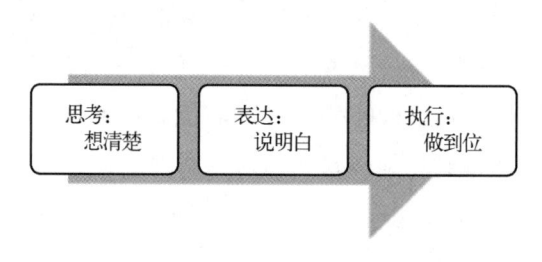

思考：想清楚 → 表达：说明白 → 执行：做到位

图 1.3　会计是思行合一的综合体

思维像画笔,人生如画布。思维不同,画作便不同。改变自己,先要改变思维。思维决定行为,思维正了、对了,行为就能正确、高效,既做正确的事,又能正确地做事。实证研究表明,影响成功的关键因素是思维。大卫·舒尔茨(David Schultz)认为:"决定成功的因素中,体力、智力、精力、教育都在其次,最重要的是思维。"[①]高瓴创始人兼首席执行官(CEO)张磊在总结15年成功心得时说:"价值投资不必依靠天才,只需依靠正确的思维模式,并控制自己的情绪。"[②]

数千年的会计发展源远流长、底蕴丰厚,在社会经济舞台上纵横捭阖、从不缺席。为什么经济越发展,会计越重要？为什么会计越发展,社会越进步？成因内藏玄机,具有理论逻辑、历史逻辑、实践逻辑和专业逻辑。其中,会计思维根深叶茂,博大精深,凝聚着理财精华的智慧,养育着谨慎稳健的品格,极具思想内核的稳固性和历史文明的传承性,且历久弥新、长盛不衰。

经济活动很复杂,再现复杂状态的会计系统需要深度思考。会计思维体现面对复杂现实的判断能力和履职本领,是会计智力的核心,直接影响会计活动的效能。向会计致敬,主要是向凝练的优秀的会计思维致敬。深厚的会计思维及其文明硕果不仅生动述说着过去,而且深刻影响着当下和未来。会计思维＋数智赋

---

① 大卫·舒尔茨.大思想的神奇：成就事业的秘密[M].北京：世界知识出版社,2008：序.
② 张磊.价值——我对投资的思考[M].杭州：浙江教育出版社,2020：164.

能将赐予会计无限的能量,使数字会计如虎添翼,这就是会计成功转型的奥秘。

1.3 会计思维与理财精华

1.3.1 归纳会计思维,提炼理财精华

会计在长期发展的历史变迁中具有自身独特的思维文化和思维价值,并据此履行会计职能、实现会计目标、秉承会计担当、树立会计自信。市场风险变化多端,会计却井然有序。诚实可信的涵养、遵规守矩的教养、谨慎认真的修养、平稳有序的素养,培育着一以贯之、经久不衰的会计品格。"博学之,审问之,慎思之,明辨之,笃行之"虽语出《中庸》,但像是对会计人员运用会计思维的生动写照:广泛涉猎,详细审视,慎重思考,明辨是非,稳健笃行。

会计思维的精妙在于其凝聚着经验的提炼和智慧的精华,且简洁明了、通俗易懂、历久弥新。会计恒等、复式记账、平行登记、量入为出等常见的会计用语源于薪火相传的会计思维,且在日常的理财活动中经常以发问、疑问、质问等思考方式出现,集中体现在以下几个主要方面:

在会计对象与会计过程方面:这是真的吗?能这样核算吗?是否反映清楚了?平衡对应吗?均衡配比吗?会顾此失彼吗?这些都是会计人员对是否履行会计基本职能的专业性发问,体现了会计的如实思维与平衡思维等。

在会计规则与会计控制方面:这是对的吗?符合准则规范吗?还有问题存在吗?有风险吗?为什么会失控?怎样堵塞漏洞?这些都是会计人员在有效制衡和谨防风险过程中放心不下的疑问,体现了会计的合规思维与谨慎思维等。

在会计理财与会计价值方面:这样能行(赚钱)吗?有价值吗?有现金流吗?能节省多少?质量如何?效益多高?这些都是会计人员在开源节流、变革融合、提质增效活动中富有建设性的质问,体现了会计的理财思维与价值思维等。

经过去粗取精、去伪存真、由此及彼、由表及里的会计思维,把一类事物的共性特征和认知规律抽取出来从而产生高度概括的概念,以说明事物的类别及其内在特性。归纳会计思维的精华内容集中表现在如图1.4所示的六个主要方面,进而彰显会计的价值认知。这些会计思维类别既是会计系统化思维在会计过程中的具体表现,也是专业理财思维活动的基本特征和真实写照,且内在关

联、规范统一、系统集成、与时俱进,其思想方法内核稳固,其历史文明世代相传。本书就是按照这样的系统化思维来编排章节内容和写作结构的。

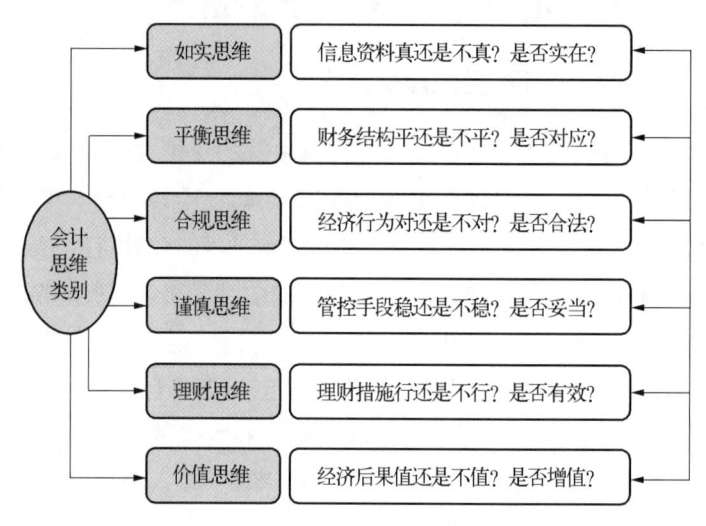

```
                  ┌─── 如实思维 ─── 信息资料真还是不真? 是否实在? ───┐
                  │                                                │
                  ├─── 平衡思维 ─── 财务结构平还是不平? 是否对应? ───┤
                  │                                                │
   会计思维类别 ──┼─── 合规思维 ─── 经济行为对还是不对? 是否合法? ───┤
                  │                                                │
                  ├─── 谨慎思维 ─── 管控手段稳还是不稳? 是否妥当? ───┤
                  │                                                │
                  ├─── 理财思维 ─── 理财措施行还是不行? 是否有效? ───┤
                  │                                                │
                  └─── 价值思维 ─── 经济后果值还是不值? 是否增值? ───┘
```

图 1.4 会计思维的简要归纳与基本分类

会计思维符合逻辑三洽:一是自洽,能自证有理、自圆其说;二是他洽,与经济理论相匹配,能很好地服务于社会经济发展;三是续洽,经得起时间或历史的检验,能包容更新更多的信息,且融合共进。会计实践是在会计思维的引领下进行的,思维的高度、宽度、广度、深度等决定着会计成果的高度、宽度、广度、深度等。只有思维正确,行为才能正确。会计思维既是开启会计成功的金钥匙,也是数字会计转型的密码。

1.3.2 会计思维具有明显的专业特色与履职尽责的职业倾向

作为偏正结构的专业名词,"会计思维"以"会计"修饰"思维",专指会计人员从专业角度发现问题、分析问题和解决问题的思维活动,属于思维学科中极为重要的一个分支,是社会经济发展不可或缺的一个重要领域,也是本书论述的重点内容。

术业有专攻。优秀的会计思维彰显专业特色、职业倾向和解决专门问题的能力。会计思维根植于会计履职和各项理财活动,能量充足,渗透力强,覆盖面广,体现在会计习性(行为)、会计精神(意识)、会计哲理(思辨)、会计格局(境界)中,进而影响会计认知,反哺会计职业、会计良知和会计自信等,形成理财认知的精华。在职场上,拥有专业思维的人往往能迅速适应和掌握新的知识与技能并脱颖而出。

会计思维特别注重履职尽责的具体操作内容与要求,其条理清晰,合乎逻辑,内在关联度与系统性都很强,体现会计职业的精神实质、行为操守和专业特征。会计人员通常首先会强化如实思维,这是会计核算的根基,并注重平衡思维和合规思维,这是会计核算正确与否的两大支柱。会计思维偏向稳重或谨慎,即使是理财思维或价值思维,也要关注是否稳健可靠、是否可行、是否值得。这些思维导向大多源于会计职能的谆谆嘱托和经营管理的殷切期盼,从中既可以体会系统集成与受托责任的内在要求,也蕴含着会计人员追求真、善、美的不懈努力。

会计思维历来注重资金管控的具体过程,是懂规矩、讲条理、有逻辑、善控制的专业逻辑认知,并通过理资金、管钱财、讲效率、求效益的过程,彰显理财智慧。如实思维要求不做假账,合规思维要求有底线意识,平衡思维要求会计制衡,谨慎思维要求保持稳健笃行等,这些思维的目标指向性都很强——追求理财效益最大化。由于思维与探索、发现、研究相联系,因此需要对头脑中已有的认知和经验进行不断更新和优化,而不是简单再现。随着数字经济的推进,理财活动的有效性日益重要,升级会计思维更加重要。头脑是人生的指挥官,思维是行动的先行军。智能理财的核心在于科学有效的思维。从传统会计走向智能会计,思维方式及其数字赋能对智能理财的作用如图1.5所示。

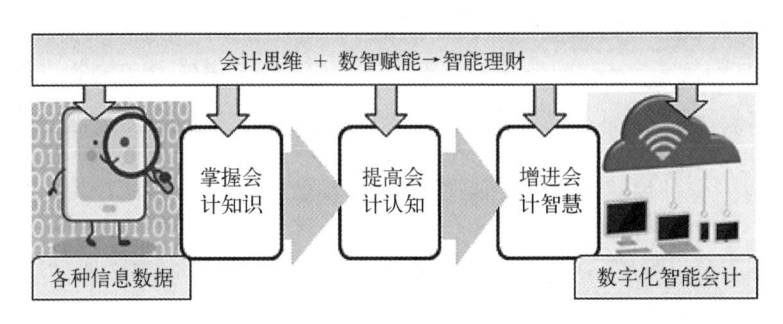

图 1.5 会计思维、数智赋能与智能理财

1.3.3 会计思维具有很强的思辨质疑性和实证分析性

会计思维很有主见,其凭借输入的各种信息,经过思辨质疑和实证分析等,将思维的结果体现在输出信息上,为的是说明清楚经济业务的来龙去脉等。其底层逻辑遵循"根据→结论→行动"的认知规则,善于将原始依据与客观事实、

具体原因与审视结果联系起来考量,将隐藏在事物背后的最根本的规则,经过事实认知、准则辨识、执业判断等思辨实证程序(避免逻辑漏洞与业务漏洞),最终落实于行动,反映在凭证、账簿、报表中,从而构成一个完整的思维闭环。

具有思辨质疑和实证分析能力的思维是优秀的。因为放心不下,所以从提问开始——经济业务是什么、为什么、怎么办?会计思维就活跃起来了。善于发现不同,有助于深度思考和触及问题的本质。不少认知是经过执业判断摸索出来的,有的还是激烈争辩后的产物。只有经过深思熟虑的确认,才能计量、记录与报告,这是有效思维的路径。

提问即思考,遇到棘手问题更要谨慎思索、反复质疑、细致推敲。从怀疑表象出发,分析具体原因,定义本质属性,寻找解决问题的办法,执行决策方案,反馈相关信息……在这个逻辑思辨的过程中,由于思考的专业程序参差不齐,因此所形成的认知及其应用结果可能迥然不同。

会计思维虽然是运用概念、判断和推理等思维形式进行分析与综合、比较与分类、抽象与概括,但重在探寻问题、拆解问题、量化问题、解释问题。观察会计的思维链就会发现,它是按照发现问题、分析问题、解决问题的基本思维展开的。发现的问题需要界定清楚。问题说不清楚怎么办?可以通过列数字、举例子等方法,将非量化的问题描述变成可量化的问题描述,把模糊的、有歧义的描述变成可例证的、清晰的描述。分析问题需要借助思维框架,明晰关键点,找到解决问题的关键因素或探究问题的本质,具体可利用思维导图和分析逻辑树等,将零星想法系统化、逻辑化、结构化。解决问题需要针对关键点,制订具体方案并高效执行,同时关注各种信息反馈。

1.3.4 会计思维具有综合考量的系统整体性

经济活动很复杂,各种因素交织成网,相互影响,可谓牵一发而动全身。面对再现复杂状态的会计系统,只有具备综合程度很高的系统性思维才能应对自如。当前面临的数字会计转型本身就是一个系统工程,需要依靠系统思维去解决好系统性问题。

会计往往立足于报表整体(而非局部),从整体与部分、整体与环境的相互作用过程来认识和把握会计信息的性质及其变动趋势。因为任何会计要素的增减、任何财务指标的变动,都有勾稽关系。尤其是首席财务官(CFO),扮演着最高财务负责人的角色,不仅要负责会计工作,而且要深度参与经营决策等,更要有会计的系统思维,在思考和处理问题的时候,从整体出发,把着眼点放在全局上,统筹兼顾,协调推进,注重整体效益和整体结果。财政部在论述"全面推动会计审计业高质量发展"的主要任务时,首先强调的就是"坚持系统思维、点面结合、综合施策",因为系统思维既可以抓住整体、抓住要害,又可以不失原则地采取灵活有效的方法处置好相关事务。

会计思维能力考验着会计人员面对复杂现实的思考能力和履职本领,是会计智力的核心,直接影响着会计活动的效率和效益。会计人员能力框架的汇总结果如表1.1所示,覆盖了从初级(基层员工)、中级(主管、经理)、高级(高级管理人员)到专家级(首席财务官、总会计师等)的不同会计群体,其能力级别与管理级别存在着关联关系。

表1.1　　　　会计人员能力框架(各项能力所占比例)的汇总结果

项目	企业高管	部门经理	业务管理	基层员工
知识	0.2165	0.2442	0.3111	0.3273
工作经验	0.1183	0.1082	0.1001	0.1232
系统思维	0.4787	0.4505	0.4064	0.3758
人际能力	0.1865	0.1971	0.1824	0.1737
职业道德	0.2000	0.2000	0.2000	0.2000

资料来源:上海国家会计学院,美国管理会计师协会.中国CFO能力框架2022——成为胜任的CFO[M].北京:中国财经出版传媒集团,经济科学出版社,2012:121-122.

分析表1.1可知,系统思维最重要,其处于会计人员能力框架的核心地位(占比大,要求高),说明会计正面对着错综复杂的棘手问题,确实需要系统思维来统筹和规划,以更好地发挥会计在管理中的作用。这是其他部门难以具备的优势。

分析结果显示,不同层次上的会计人员对能力的需求有差异,层次越高越需要系统思维,CFO对系统思维的要求达到47.87%。在系统思维中,排在前五项的是解决问题能力、决断能力、分析问题能力、领导能力和商业敏锐度,其中最重要的是解决问题能力,它是其他能力的综合体现,是所有能力综合应用的结果。

系统整体性的会计思维善于从整体、动态、关联等视角思考问题，做出顾全大局、通盘筹谋的综合考量，其优势包括以下几个方面：一是整体性维度，包括加和整体性和组合整体性，就是将思考的维度和方向瞄准会计主体或会计报表的全局，并考虑整体的协调及其相关利益的平衡，而非个人利益的泛滥；二是要素性维度，包括会计六大要素与所有会计科目的勾稽关系，以及由此反映的资金运转与动静交织状态等；三是结构性维度，包括各种凭证（原始凭证与记账凭证）、账簿（总账、明细账、辅助账）、报表（各种报表的项目之间）、由相关指标组成的多层次的复合性结构及其相关关系等；四是功能性维度，就是调整或改变系统内各部分的功能和作用，促使所有部分向更好的方面改变，从而使系统状态更佳。

某些经济问题可能是被"系统"罩着、被"关系"压着、被"功能"拖着的网状结构，其中的构成要素是观察的直观对象，但关系与功能模糊不清，要素之间的联系及其内在规律需要深度挖掘。例如，企业既要销售增长，又要应收账款下降；既要有利润，又要有现金流；不仅资产要增加，而且负债要减少；不仅增长要快，而且发展要稳……这些会计的系统性思维，将有助于会计人员擦亮眼睛、透视经营，启发会计人员处理好系统内各要素之间、结构之间、功能之间的关系，因而具有以下特征：一是综合性思考——不仅看到某个问题的局部，而且将问题放在更大的会计背景下考虑，看到各要素及其结构与整体的关系和对整体的影响程度；二是动态性思考——考虑各要素的功能发展及其变化，不仅看表面现象，而且观察事物的演变过程与变动趋势等；三是关联性思考——将不同要素之间的关系通盘考虑，观察它们之间的相互作用和影响等；四是时间性思考——资金具有时间价值或延迟效应，不同时点的资金价值不等、风险不同，应当在合适的时机采取适当的行动；五是闭环性思考——借助信息反馈回路，帮助管理人员理解财务状况的发展趋势并调整策略等。

思维有高低阶之分。感知、理解、应用被称为低阶思维，分析、综合、评价被称为高阶思维。会计系统思维属于高阶思维，是多种认知协同作用的复杂思维过程。经济业务之间是相互联系、相互作用、相互制约的，会计信息的加工过程更不是孤立进行的。例如，收入必须联系费用才能确认损益，费用必须联系受益对象才能合理分配，会计报告必须联系使用者对信息的需求才能发挥效用，预测与决策必须建立在普遍联系、综合评价的基础上才能有效指导未来的经济活动。

面对的经济现象越纷繁复杂,就越要借助会计系统思维来解决好问题。比如,面对销售业务增减变动的情形,不能只看数量、单价、金额,而要有当家理财的系统性思维,包括卖什么、需要投入多少资金去研发和拓展,卖给谁、客户群体的新旧变化、市场空间与布局的调整,卖多少钱、与销售业绩和成长空间的关系,怎么收钱、从投入资金到回收货款的过程,谁来监控整个业务流程,怎样进行信息反馈等。思维链接通畅了,问题就可以迎刃而解。

会计思维特别善于从会计要素或会计报表的角度思考问题。会计要素涵盖经营的全貌;会计报表是经济活动的"晴雨表",是所有信息中最核心、最有说服力、最能说明问题的信息,涵盖了经济活动的方方面面。报表上的数据高度概括,富有理性,合乎逻辑,专业性强,各种绝对数、相对数和变动趋势等有助于投资者、债权人、管理机构洞察经营。会计报表发展至今,其编报体系越来越完善。投融资决策的很多内容、预测与预算的方方面面都可以从报表的角度进行思考和判断。正因为会计思维的专业特征是具有整体的、全局的、系统的视野,所以会计信息能够成为经济发展的"温度计",构成营商环境的"检测剂",并成为宏微观经济决策的重要"参谋"。

会计的系统综合思维有助于会计人员看到全貌而非局部,看透结构而非表象,看见变化而非静止,看清条理而非杂乱,故而是深层次的。浅度思维只是从自己熟悉的地方出发,关注近处或近期的内容,缺乏长远的、全局掌控的视角,也缺乏切换视角的灵活性,无法认知较长的因果链条,对信息量较大、较复杂的问题束手无策。所以,缺乏系统思维的人容易只见树木,不见森林;只看现象,不看本质;只看眼前,不看长远;头痛医头,脚痛医脚;本位主义,局限思考。而系统思维不是将相关方视为数字或标签,而是将相互影响、相互关联的动态变化因素纳入考虑的范围,不仅能够认知较长的因果链条,从而突破自我中心的局限和单一思维的视角,而且能够处理较大的信息量,在杂乱的信息流中保持思维能力,从宏微观多元视角分析问题,认知事物,观察变动趋势等。系统性的深度思考能穿透表面,深入核心,彰显智慧。

综上所述,具有综合性的会计系统思维是一种全面、深入地理解和解决问题的认知方法,它要求会计人员从整体上看问题,而不是仅仅关注其中的某一部分;它要求会计人员找到各个部分之间的联系,提出整体性的解决方案去优化各个部分之间的关系,以提高整个系统的效率,因而具有透过现象看本质的深度、透过局部看全局的广度、从现在考虑到过去和未来的宽度,充分显露持续连贯性、整体多元性、全面准确性和综合可比性等表征[①]（如图 1.6 所示）。这些表征优势明显、功能独特，渗透在各种会计思维的具体表现形式中。

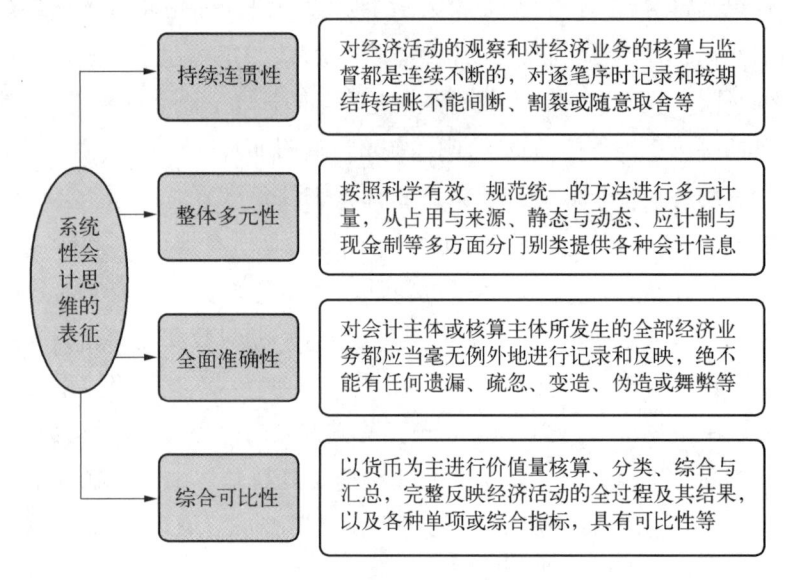

```
系统性会计思维的表征
├─ 持续连贯性 —— 对经济活动的观察和对经济业务的核算与监督都是连续不断的，对逐笔序时记录和按期结转结账不能间断、割裂或随意取舍等
├─ 整体多元性 —— 按照科学有效、规范统一的方法进行多元计量，从占用与来源、静态与动态、应计制与现金制等多方面分门别类提供各种会计信息
├─ 全面准确性 —— 对会计主体或核算主体所发生的全部经济业务都应当毫无例外地进行记录和反映，绝不能有任何遗漏、疏忽、变造、伪造或舞弊等
└─ 综合可比性 —— 以货币为主进行价值量核算、分类、综合与汇总，完整反映经济活动的全过程及其结果，以及各种单项或综合指标，具有可比性等
```

图 1.6　会计系统思维的具体表征

1.4　数智赋能与会计转型

1.4.1　新思维推进新实践，造就新时代

技术革命通过新思维和新实践，造就新时代，会计思维始终与时偕行，护佑着经济健康前行。18 世纪 60 年代的蒸汽技术革命，开创了以机器代替手工劳动的时代，推动人类从农耕文明走向工业文明，从单式簿记走向复式记账。19 世纪中后期的电器革命，出现大规模流水线生产方式，促进劳动生产率迅猛提高，成本会计与管理会计应运而生。20 世纪下半叶的信息技术革命使自动化机器设备取代了相当比例的体力劳动和脑力劳动，会计信息化席卷全球。数字化技术及其深度应用被称为第四次工业革命。数字经济以数字技术为核心驱动力，以数据资源为关键生产要素，以数字化、网络化、智能化为主要特征，数字技术与实体经济的深度融合将加速构建经济发展与治理模式的新型经济形态，其

---

① 表征是显露于外的征象，是信息在头脑中的呈现方式。表征既是客观事物的反映，又是被加工的客体。同一事物的表征方式不同，对它的加工也不同。

中数字会计作为重要的新业态将成为新的"蓝海"。

继农业经济、工业经济、信息经济,数字经济的发展速度之快、辐射范围之广、影响程度之深前所未有,正推动生产方式、生活方式和治理方式深刻变革,成为重构现代化经济体系的重要引擎。《中华人民共和国国民经济和社会发展第十四个五年规划和2035年远景目标纲要》提出要加快数字化发展,建设数字经济、数字社会、数字政府,营造良好数字生态,打造数字中国。国务院印发的《"十四五"数字经济发展规划》就做强做优做大我国数字经济提出具体举措。财政部在《会计改革与发展"十四五"规划纲要》中明确提出以数字化技术为支撑,以推动会计审计工作数字化转型为抓手,健全完善各种数据标准和安全使用规范,形成对内提升单位管理水平和风险管控能力、对外服务财政管理和宏观经济治理的会计职能拓展新格局。

数智转型,会计先行。数字经济催生数字会计,呼唤会计智能。会计思维紧紧围绕"变革融合、提质增效"增智赋能、创新发展,定能更好地服务于我国经济社会的发展大局。

1.4.2 会计思维在转型发展中阔步前行

只有思维进步,会计才不会落后于信息技术的发展。发明语言,让信息可以分享;发明文字,让信息可以被记录;发明纸和印刷术,让信息可以传输;发明无线电,让信息远距离实时传播;发明电视,让信息实时多媒体传输;发明互联网,让信息远距离实时多媒体双向交互传输。几千年的手工记账,经过几十年的会计电算化,会计人员放下了笔和算盘,拿起了计算器,用上了计算机;又经历十几年信息化的推广,网络记账、算账、报账日益普及。"数字化"这个新名词虽然产生不久,但智能化的情景已近在咫尺。

以前的电算化是会计人员手脑功能的延伸——手工记账方法的模拟,会计思维的重心在于将记账方式由账簿转到计算机上,以提高核算的效率和准确性。

信息化使信息资源与信息技术有机结合,将纸质的信息搬到计算机或手机上,用各种软件来替代传统作业——自动打印、网上邮件、线上会议……"看得见的自动化",即有形载体的自动化,在会计行业中显现。信息化侧重于对信息的处理和利用,通过"业务数据化",让"信息驱动业务"。如OA办公系统就是把线下的纸质文件、流程线上化，但其组织模式、流程管理与决策程序没有根本性变化，相关人员只是从看纸质数据变为在手机端看数据，其信息的流动是基于文档的流动，人们通过 E-mail、U 盘、编写程序等各种方式传递信息。

数字化是运用数字技术，将业务活动进行数字量化，经过精益化的信息处理、存储和传递等，寻找更低成本、更高效率的更优方案，助力自动找到数据、自主提供数据、智能使用数据、综合治理数据等。当票据等数据信息扫描进入计算机后，计算机能够自动识别相关信息，并登录会计系统去自动生成凭证、账簿和报表……"看不见的自动化"，即数据流动自动化，正在把正确的数据在正确的时间传递给正确的人或机器，人们追求的是数据在企业内部自主流动，而不需要人的参与。例如，利用机器学习和自然语言处理技术，实现自动化核算和报税等功能，提高工作效率和准确性；通过云端平台实现数据的集中管理与共享，提高协同工作效率和数据分析能力；应用区块链技术，提供更安全、更可靠的数据存储和交换的解决方案；等等。数字化侧重于对数据的处理和转化，使"数据业务化"，让"数据驱动业务"，把信息化过程中积累的交易数据、用户数据、产品数据等不断整合融入经营管理，通过数据发现问题、发现商机、优化业务组合等。数字化背景下，大量的数据采集、运算、反馈过程是自动、扁平、全时段的，直接指令到事、指挥到人，构建一个全感知、全链接、全场景、全智能的数字世界，企业的组织架构、业务流程和授权管理会发生变化，或进行颠覆性创新和重塑，从而改变传统的思维模式和商业模式等。

智能化正在模拟人类的思维方式，帮助计算机像人脑一样学习和解决问题。首先是感知，以信息为媒介，通过观察来捕获更广泛的信息；关键在于思考，将数据转化为知识表达并通过推理和判断来实现更强的记忆和更好的理解；最终还是行动，拥有运作的能力，以获取更好的结果。

信息化是数字化的基础，数字化是信息化的高级阶段，也是智能化的技术基础。"数字化＋智能化"简称"数智化"。会计思维的转型发展与会计工作的升级改造将经历"数字化"和"智能化"阶段，从而导致数字会计或智能会计的诞生与发展。

在数字化转型阶段，一切皆可数字化或力求数字化，包括会计对象数字化、会计过程数字化、会计规则数字化、会计控制数字化、会计价值数字化等。目前，数电发票（全面数字化电子发票的简称）、会计大数据分析与处理技术、财务云、流程自动化、电子会计档案、中台技术、新一代ERP、数据治理技术、商业智能、数据挖掘已经成为影响中国会计行业的十大信息技术。[①] 数字会计必将通过统筹会计信息的标准、格式、效率和价值来不断满足多方位、多元化的会计信息需求,即数字服务化是数字化的本质,用户和服务是核心。

在智能化转型阶段,精细、实时、智能的多元化服务将成为会计新范式。机器智能在现代信息技术的支持下,逐步模仿人类的思维模式,因而更能满足人类的需求。由于机器智能是在会计数据化基础上的全面升华,因此其提供高质量、高价值的信息资料成为可能。由于机器不仅具有辨识真伪的功能,而且具有择优决策的作用,因此人类需要向机器学习,与智能接轨。会计行业将呈现"人机协同工作"的"共生"局面,包括信息的自动化处理、数据的实时更新、智能的安全风控、定制化和精细化的服务配置等。

上述过程可被合称为数智化转型(数智会计),其中数字化转型(数字会计)与智能化转型(智能会计)并不是截然分开的,而是内在衔接的。以数赋能,以智增能,前后有序,又不是泾渭分明的。数智化赋能必将为会计成功转型和高质量发展提供理论依据、实践意义和具体路径。但转型是一个综合、复杂的长期过程,首先要思维转型,转向业务融合、数智时代与数智会计,既适度超前、有前瞻视野,又不好高骛远、急于求成。数是最直白不过的,智全在于聪明能干。数智化转型既是会计拥抱技术的必然结果,也是会计的历史主动,符合会计发展的理论逻辑、历史逻辑、专业逻辑和实践逻辑。

让会计思维插上数智赋能的翅膀,让数智技术载上会计思维的导航,这才是会计成功转型的奥秘,其中,最为重要的是思维正确领航、数智不断赋能,这正是构成本书框架的思维主线与核心内容。

1.4.3　不断赋能以驾驭机器智能

传统的学习是通过老师的讲授把知识迁移到学生的头脑中,但当知识越来越多,变化越来越快时,大量知识就不可能都通过老师装到学生脑中。如果手机中储存了几千个电话号码,光靠记忆就会力不从心,但学会检索可以解决问题。如今人类的认知方式不只是个体大脑在工作,还要与智能设备协同。随着智能设备、智能工具越来越普及,人类正从个体认知变成大脑加智能设备的联

[①] 2023年6月18日上海国家会计学院主办的"会计数字化转型的中国经验"主题论坛上发布了2023年影响中国会计行业的十大信息技术。

合认知,处理复杂事情的能力将大幅提升。

会计正在从固定场所办公转向移动环境办公,从处理纸质票据转向处理电子数据,从面对面签字盖章到网上数字签章,从手工处理信息转变为利用数智技术的处理模式。在数智化环境下,会计信息系统通过网络和云平台对数据进行直接采集,实现业务和财务的一体化处理,使会计核算从事后静态核算转变为事中和事前动态核算。会计职能正在从核算型向管理型转变,转向预测、决策和经营分析,关注业财融合、算管融合、数实融合等应用场景。国家对数字强国的日益重视必将推动以实时化、数字化、协同化为特征的会计活动进入智能时代。

人类始终在努力让机器代替人去做人做不到或做不好的事。手工记账时的忠实记录者,在电算化时代演变为会计信息的快速加工者,进入信息化时代后则晋升为会计信息的多元服务者。进入数字化时代,数字成为会计信息的赋能者和领航人,过去的算盘、计算器、计算机都只是会计的运作工具和技术延伸,今后的智能机器,是工具、同伴还是对手？人工智能的专业技术将不断超越人类的某些技能,在带来诸多便利的同时,提出了大量新的挑战。现实的改变构成思维认知的地基,当地基发生变化时,地基上的一切都会发生变动。如今的生存环境越来越复杂,生活节奏越来越快,信息量越来越大,不确定程度越来越高,更需要不断数智赋能。

人工智能是一套软硬件结合的复杂的应用思维与方法技术。硬件是各种各样的传感器和芯片,软件主要是算法,由数据和算力支撑。人工智能是对人的思维的模拟:一是模拟人的思维功能与思维过程;二是模拟人脑的内部结构,按照人脑的结构机制构建"类人脑"的人工智能机器。这种模拟有两种可能:一是拟人的人工智能,即像人一样思考和推理;二是非拟人的人工智能,即具有与人不一样的知觉、意识和推理方式。人工智能会不断进步,会计管理也会不断赋能,那么,谁的进步更快？未来,两者之间的关系还是工具和使用者的关系吗？会计思维与数智赋能的互补关系至少有两个方面:一是让人工智能像优秀的会计思维那样去思考和解决问题,人工智能通过学习和理解会计思维更好地实现对会计业务的智能化支持;二是让会计向人工智能学习,并互补共进,合作共赢。

会计自身必须不断赋能,只有促使自身更有智慧,才能驾驭机器智能。数字经济特别需要具有数字思维的会计人员,既能利用数据资源有效处理会计事务,又能将零散的、非结构化的数据转变为聚合的、结构化的会计数据,发挥其服务价值创造的功能。尤其是面对充满创新和利益冲突的经济环境,会计思维与理财智慧具有无可替代的价值。优秀的会计人员不仅是数智化的推动者,而且是思维专业化的引路人。化,就是改变,使之具有主观能动性。数据是信息的载体,但拥有数据信息不等于获得知识、提高认知和提升智慧,更不等于数据生产力,犹如面粉不等于面包,水泥不等于房屋。会计数智化进程与会计思维休戚相关,包括向前延伸(如观察、甄别、审视数据等)和向后延伸(如形成洞见、应用实践、解决问题等)。会计人员习惯与数字打交道,在数智化转型中绝不能袖手旁观,而应身先士卒,将优秀的会计思维、良好的会计习惯、精湛的会计技术、成熟的会计经验、智慧的理财精华与数智化进程深度融合,这正是思维领先、智赢未来的应有之意。会计思维的影响是内在的、深刻的,如果现在不注重研修会计思维,还在原地踏步,就会影响以后。思维既需要总结、提炼与提高,也需要教育、引导与熏陶。

1.4.4 想融入、能融入的有为思维很重要

会计行业像个金字塔,普通会计人员面广量大,近乎饱和,高端人才却比较稀缺。一些会计人员不仅担心后来者抢走自己的"饭碗",而且担心人工智能也来抢自己的"饭碗",可谓"前有狼,后有虎"。如今想要在会计行业更好发展,就必须更新思维,抓住时机,迎接挑战,积极融入数字经济,尽职尽责地发挥会计应有的功能、作用与价值。

席卷全球的数智时代已经到来。数字化转型是手段,而不是目的。会计是因为主动服务于经济发展而具有相当重要的社会地位。打开潜能的钥匙来源于动机,动机越强,做成某事的可能性就越大。

守正不守旧,开放的、成长性的思维很重要。如果对新生事物看不见、看不懂,就落伍了。会计人员不仅要想"融入",而且要能"融入",如此意愿和能力才能正相关或强相关,才会想方设法"融入"好。会计要有位,必须先有为。

快速转型需要积极应变。2023年是全面推进《数字中国建设整体布局规划》实施的起步之年。财政部于2023年5月发布《财政部会计司关于公布电子凭证会计数据标准(试行版)的通知》及其配套的试点操作指南、技术问答和工具包;8月又颁发《企业数据资源相关会计处理暂行规定》,这是首个针对数据资源的会计制度,对推动数据资源转化为数据资产具有里程碑的意义。中国资产

评估协会于2023年9月发布了《数据资产评估指导意见》。2023年7月,用友企业发布服务大模型YonGPT;8月,财务大模型金蝶云·苍穹GPT发布。一批大型企业率先垂范,以司库体系建设为切入点,以数字化为动力,以智能化为导向,不断推动财务管理与信息化深度融合。

数字经济正被大力推进。2024年新年伊始,财政部发布了《关于加强数据资产管理的指导意见》和《关于行政事业单位数据资产管理的通知》。国家数据局联合16个部门共同印发的《"数据要素×"三年行动计划(2024—2026年)》旨在加快数据要素化进程,更好实现数据价值,构建以数据为关键要素的数字经济。与"互联网+"的思维相比,"数据要素×"将实现从连接到协同、从使用到复用、从叠加到融合的转变,开启数据要素快速发展新时代。2024年1月18日,国家税务总局新闻发言人、办公厅主任黄运在新闻发布会上表示,2023年我国数字经济核心产业销售收入占全部销售收入的比重达12.1%;数字经济核心产业销售收入同比增长8.7%,较2022年提高2.1个百分点;全国企业采购数字技术同比增长10.1%,较2022年提高3.2个百分点,反映数实融合加快推动数字产业化、产业数字化进程。[①] 1月30日,以"数字教育:应用、共享、创新"为主题的2024世界数字教育大会在上海开幕,世界数字教育联盟正式成立。

面对快速变革,思维要正确且有效,行动才能正确且坚定。数据、算力正在不断赋能,形成新质生产力。重点是"新",关键在"质",且聚焦"生产力"。在解放与发展数据生产力、调整与促进新型数据关系的过程中,会计思维和数智赋能将起到协同互进、稳健笃行的积极作用。会计人员在转型发展的路上,遵循科学的思维规律,守住思维的底线,拔高思维的认知高度,定能奋力谱写数智时代会计事业的新篇章。

---

① 国务院新闻办就税收服务高质量发展举行发布会[EB/OL].(2024-01-18)[2024-05-09]. www.gov.cn/lianbo/fabu/202401/content_6926879.htm.

第 2 章

如实思维＋量化择优

2.1 从如实反映说起

2.1.1 如实反映是会计的本源性思维

对会计来说,如实反映是理所当然的,会计准则如是要求,教科书如是说,师傅如是教。但实情并不如愿,有的甚至南辕北辙。这就是为什么一定要反复强调如实思维的内在缘由与现实意义。

如今,对高质量、高价值信息的需求与不可靠、不协调的信息供给之间存在矛盾,矛盾的主要方面在信息的供给侧。统计 2012—2022 年会计类 CSSCI 期刊和集刊的 40 个关键词,其中,"会计信息质量"排名第一。[①]

如实反映是会计的本源性思维。会,会意字,从人,从云,上下结构,最早见于甲骨文,是积聚禾谷的意思,引申为聚合、会合。计,会意字,从言,从十,左右结构,"十"代表数字,本义是算账、计算,引申为打算、谋划等。零星算之为计,总合算之为会。会计的本意就是如实计数、可靠计算,具有源于实践、反映客观的本真特质。

如实反映从计量入手,并以追求数量的准确为特征。当人类的思维和语言逐渐进化到能够传达有意义的信息时,甲骨、岩石、竹简、草绳便成为早期信息符码化的物质载体,数据形态随之而生。古人之所以要结绳记事、垒石计数、契木为文、龟背记账等,就是因为要如实记载并反映真相。

[①] 赵治纲,于瑶.对当前我国会计研究的反思与展望[J].会计研究,2023(6).

会计与计数渊源深厚,与计算血脉相连,与统计同根同源。数字最能说实话。会计工作就是与事实或数据打交道。在经济活动过程中,容易被理解的内容是数据或带数据的图表说明,容易使人明白的指标是数据或带数据的比较,容易鼓舞人心的业绩是数据或带数据的箭头……会计职业最显著的规范要求是正确与精准。对数据和事实的忠诚是会计职业的核心,为此要有极好的耐心和细致的态度,即使工作重复和烦琐,对细节的关注也不能马虎。

量化是为了准确,如果不求准确,则何必有数字?何必要量化?又何来会计呢?如果会计不能如实反映,那么会计还有什么专业作用和存在价值呢?

无论是中式会计还是西式会计,不论是四柱清册还是复式记账,都是出于客观记录的需要。尽管会计的职能会随着社会的发展而不断拓展,但如实反映始终没有改变。人们之所以需要会计,正是因为会计信息是可信的、可用的。

追本溯源在于透过重重迷雾,直击问题的本源(本质)。本源是指事情的根源、起源、始基。本源思维是从"本来是什么""应该是什么"出发来看待问题,是思考的出发点,被称为第一性原理①。本源思维属于元认知,是对认知的认知,即能对自身的思考过程进行认知和理解。

在思维的作用下,信息技术变换着信息的存在形式,凸显"为人"服务的价值。信息链由事实、数据、信息、知识、情报五个链环构成,其中,"事实"和"数据"是基础、是前提、是面向物理属性的客观存在;"信息"居中,既有物理属性,也有认知属性,从而成为信息链的代表称谓;如何才能科学认知"信息""知识"和"情报",则与人的思维休戚相关。

从数字走向数据,晋升为数智;从信息化走向数字化,晋升为数智化。这是时代的发展与认知的进步。如实思维是会计固有的、决定其性质和发展的根本属性。走会计之路,就要循会计之道。既要拥抱未来,也要重视本来。牢记为经济发展提供坚实信息保障的初心,就是要回归本源去思考最根本的问题,从而找到达成使命最优的路径与方法。

2.1.2 如实反映是会计信息质量的第一要求

财务报告的通用目的是提供报告主体的会计信息,包括财务状况、经营成

---

① 第一性原理是指回归事物最基本的条件,将其拆分成各要素进行解构分析,从而找到实现目标的最优路径。古希腊哲学家亚里士多德(Aristotle)认为,任何系统都有自己的第一性原理,它是一个根基性的命题或假设,不能被缺省,也不能被违反。

果和现金流量的增减变动情况,以反映管理层受托责任的履职情况,从而有助于报告使用者做出决策等。会计信息是利益攸关的,包括个体利益、团体利益、国家利益等。在所有经济信息链中,会计信息不仅必不可少,而且是最具综合性、可靠性的信息。其中,怎样提供信息(包括提供的工具和方法)、提供怎样的信息(包括信息的数量、质量和效用)等与会计思维相关。

《企业会计准则——基本准则》(以下简称《基本准则》)关于会计信息质量要求的第一条就是"企业应当以实际发生的交易或者事项为依据进行会计确认、计量和报告,如实反映符合确认和计量要求的各项会计要素及其他相关信息,保证会计信息真实可靠、内容完整"。会计履职思维的第一信号就是如实反映,这也是会计核算的第一要求。

如实反映观凸显会计思维的踏实可靠性。踏实可靠是形成信赖感的直接因素,是比聪明更可贵的品质。能说会道、圆滑世故或许能赢得一时,但踏实做事、不掉链子才能被长久信任。世俗越浮躁,靠谱越难得。会计的靠谱主要表现为核算有责任,履职有担当,行为能守时,语言知分寸,处事重细节,办事守底线,任务能闭环,工作有始终,所以就有诚信、靠得住。不切合实际,不让人放心,就靠不住,这绝不是会计人员应有的形象。

2.1.3 如实反映是会计是非的第一认定标准

如实反映很简单,一是一,二是二,客观存在,清楚明白,不容置疑。其基本要义就是按照事物的本来面目准确无误地反映情况,做到实事求是,包含要照实(根据实际情况)、要确实(对客观情况的真实性表示肯定)、要属实(确系事实,合乎实际)。账实相符是如实反映的最初要求,账账相符、账表相符是进一步的衍生要求,但都是为了如实反映。如实反映是会计工作的根本性要求,是会计是非的第一认定标准。

古文的"如"是个会意字,从女,从口。其本义为遵从、依照["如,从随也。"《说文解字》],后引申为像、如同等。怎样遵从?如何依照?实际情况会随着问题的演变而变得错综复杂,"如"也就有了程度之差、深浅之别、真伪之分。于是,人们不得不关注"如实"的可靠程度,包括对会计标准的学习和理解,这也会直接影响会计核算的客观性和如实程度等。

古文的"实"是个会意字,从宀,从贯。宀,房屋;贯,货物;以货物充于屋下,本义为物资充足,富有["實,富也。"《说文解字》],其中的"田"指田地,"贝"为货币]。"实"的基本含义：一指充满，二指符合客观情况。

但如实的"实"究竟是过去的"实"，现在的"实"，还是将来的"实"？是静态的"实"，还是动态的"实"？是财务信息上的"实"，还是经济活动中的"实"？客观存在的就是公允的吗？到底是公允重要，还是如实重要？公允思维就是采用公允价值计量吗？……

会计人员眼中的"实"，应当是实际的、本就应当如此存在的，包括能够如实反映过去、现在和未来的会计事项。历史成本属于过去的"实"，具有可验证性；现行市价属于现在的"实"，具有可比较性和可查证性；收益现值属于将来的"实"，应该具有可预测性和变现性，属于可投资的价值。

会计思维不能单一或单纯，因为反映的对象已经变得越来越多、越来越复杂，而反映的主体——人的意识也复杂起来，于是如实思维也变得复杂起来。究竟什么是"如"（What），为什么要"如"（Why），什么时候去"如"（When），在怎样的平台上实现"如"（Where），谁去"如"（Who），怎样去"如"（How），"如"的投入与产出是多少（How Much）等诸如此类的问题应运而生。现代会计人员采用5W2H等系统性的思考方法，无非是为了应对日益复杂的会计问题。

客观与否是看待事物的一种态度，能否如实带有主观认知成分。会计是以数字、文字等符号来反映事实，是主观认知对客观现象的映照。在复杂的经济现象面前，每个会计人员都有自己的认知体系和意识形态。没有绝对的客观，包括对会计假设的界定、对记账基础的运用、对会计信息质量要求的解释等，都体现一定的认知水平。

那么，是应该如实反映，还是应该能动反映？如实反映属于准则范畴与行为规范，能动反映是会计现实的生动写照，协调两者关系的理性思维相当重要。《基本准则》要求的是"如实反映符合确认和计量要求的各项会计要素及其他相关信息"，其中是否符合、能否达标，反映"理性如实"的程度，即能否以某些会计标准来进行正确的会计职业判断，并规范会计行为。如实反映是能动反映的基础，能动反映不仅不能脱离"如实性"，而且要经过"能动"的思维作用，更加"如实"才好。

2.1.4 如实思维的本质特性

（1）如实思维的关键在于确保会计信息质量

以客观事实作为会计核算的根本依据，就不能凭主观想象、推测处理经济业务事项。客观的核算就是以实际发生的交易或事项为依据，如实反映企业的财务状况、经营成果和现金流量。会计信息甚至会计报告本身隐含了一个承诺——如实反映,即"说实话",这既是会计理论研究的永恒主题,也是会计实践坚持的价值旨归。

尊重常识、敬畏规律、把握本质是会计取信于人、取信于国、取信于天下的基石。会计之所以受到尊重、值得信赖,就是因为它守住了常识、遵循了规律、尊重了规则。而信息失真,就是违背常识、违反规律、违背规则。对常识的回归、对规则的认同、对事实的把握并不是容易的事。以往偏重于"故事"的信息可能具有欺骗性,以后基于"数字化"的智能会计就难以被糊弄。会计信息有了如实的基础,就有了可靠的保证。

(2) 如实思维的核心在于认真履行会计职能

履行会计核算职能的核心要义是如实反映经济活动情况,包括事前、事中、事后的核算。履行会计监督职能的核心要义是对经济活动加以监控,确保事前、事中和事后提供的信息是可靠的,从而确保会计本质不变色。虽然会计职能不是一成不变的,但其基本职能不能被弱化。

金融资产的"泡沫"历历在目,数据资产会不会如法炮制?会计对此应提前防范,有效制衡。会计参与经济活动重在发现事实、证实事实、披露事实,这是会计信息的生命,也是会计履职与会计信誉所在。会计的确认、计量、记录和报告等核算环节都应强调如实反映,如确认时强调可靠性,计量上偏重实际成本,记录上反映经济活动全貌(来龙去脉),报告时充分披露相关信息等。可以说,会计核算的每一个环节都体现了如实反映观。

(3) 如实思维的精髓在于坚守职业底线

能否如实思维是会计是非的第一认定标准。不能如实思维,还要会计干什么?不论是准则制定者还是会计工作者,都应当将追求如实反映作为本源性的职业道德规范和操作性的行为底线。如实反映是主动的责任,这不仅是重大的会计理论问题,而且是会计的本源性问题,是会计实践中回避不了的根本性问题,即会计究竟是为了什么、应当怎么做。会计职业的底线与精髓就在于如实思维并依此做出会计职业判断。对此认知不能似是而非或模棱两可,包括不应有过多的界线划定与检验认定,使执行者不太关注如实反映的精神实质;不能有众多的原则例外,导致具有类似经济实质的交易或者事项的会计处理含混不清;也不可增加繁杂的操作指南,造成应用复杂化继而弱化如实思维判断的效能;等等。

2.2　如实思维与数字量化

2.2.1　量化择优是如实思维的重点问题

在一切皆可量化的年代，每个人既是数据的提供者，又是数据的使用者，更是数据的直接受益者。不断数字化的过程为会计计量拓展了广阔的用武之地。

会计的量化思维是指对事物数量的计量或表达，而不是感受或体验。计量是会计要素量化的过程和方法，包括计量属性和量度单位的选择。其中，计量属性是内在的、根本的，要求解决"计量什么"；计量单位是外在的、形式的，要求解决对选定的计量属性"用什么计量"。

会计计量的表象是把数据合理分配，且处理好数据之间的关系，以便记录在案。但由于是为了将符合确认条件的会计要素登记入账并予以列报，因此会涉及相关方面的经济利益并引起其高度关注。

财务会计领域一直沿用历史成本的计量模式，遵循稳健精神，追求客观原则。但随着经济和金融市场的发展，历史成本的计量模式受到挑战。例如，原先的资产负债表中的资产始终以其初始实际成本（或者摊余成本）计量和反映，在资产持有期间不确认减值损失，资产减值损失只有在相关资产发生转让、出售等时才予以确认。但在通货膨胀和资产贬值的情况下，资产的账面价值与现行的市场价格存在差异。尤其是当资产的市价、可收回金额等低于资产实际成本时，历史成本计量模式下的资产负债表中所反映的资产价值和利润表中所反映的净利润等均被高估，从而导致报告信息不公允。当然，以历史成本记录并不妨碍以公允价值计量的卖出行为，只是不承认其账面增值罢了，并不急于在持有阶段就提前更改资产负债表和利润表。

20世纪80年代后，随着金融创新尤其是衍生金融产品（很多衍生金融产品根本就没有历史成本）的不断涌现，公允价值成为可行的计量属性。除"货币资金"等少量科目外，目前占比高达90%以上的资产项目余额的确定离不开估计（估价），即大多数资产科目的会计信息需要经过会计职业判断。

21世纪前，会计准则委员会（FASB）就尝试用概念框架来指导会计政策，使如实反映具有多维操作考量。FASB在第五号概念框架中列举了5种可能的计量属性：历史成本、现行成本、现行市价、可变现净值和未来现金流量现值。2000年，FASB在第七号概念框架中增加了公允价值和现值的概念。虽然人们不厌其烦地对这些概念做出衍生解释,但推出多元计量属性的思维初衷仍在于更好地反映经济实质,为会计确认、计量、记录和报告提供科学的基础。但问题是,选择的"可能性"越多,可操作的"空间"越大,"钻空子"的可能性就越大。

会计思维的重点在于量化择优。量化择优怎样才能贴近"实实在在"这个可靠的基础,有待进一步的"会计思维+数智赋能"来解题。

2.2.2 会计思维的难点在于如何确切计量

确切是指准确、恰当。在会计计量方面要求按照规定的会计计量属性进行计量,并确定相关金额。说起来容易,做起来难,因为各种理论可能只是为行动提供了"行为正当"的借口,而行为背后的动机是各种利益。各个利益团体之间的利益关系并不一致,甚至相当复杂,而会计工作涉及利益的方方面面,这会给会计思维带来各种复杂性。

究竟怎样才能确切计量?尤其在历史成本与公允价值的权衡中,对可靠性和相关性的抉择可谓见仁见智。

不可靠和不相关的会计信息是无用的。可靠性是会计信息最基本和最重要的属性,相关的信息之所以有用,首先在于它们是可靠的。如果会计信息不具备可靠性,甚至包含弄虚作假的因素,这些信息就不仅毫无价值,而且会对投资者和债权人的决策产生误导。然而,可靠性与相关性很难权衡,更难两全,如图 2.1 所示。

图 2.1 权衡可靠性与相关性的利弊得失

相关性侧重于有效决策,且对预测性和及时性的要求较高,有可能影响信息的可靠性。由于存在不确定性,因此相关性与可靠性常常相互冲击。为了加强相关性而改变会计方法时,可靠性可能被削弱,反之亦然。相关性与可靠性之间甚至存在某种此消彼长的关系,使这两者都难以保持最大,只能依据不同的环境做出职业判断,在相关性与可靠性之间进行权衡,如在保证信息整体有用性的前提下,牺牲一些相关性来换取更高的可靠性,或牺牲一些可靠性来增强一些相关性,因为要编制一份既完全相关又完全可靠的会计报告十分困难,包括要编制一份完全建立在公允价值基础上的报表,使其全部资产和负债均以各方公认的公允价值计价,目前只是一种"课堂作业"而已。

2.2.3 历史成本的如实性思考

基于成本的计量源于生产过程中所涉及的各项费用,其思路是关注供给端,即资产的生产者,并基于开发的历史成本进行计量。在会计历史的长河中,受受托责任观和谨慎思维的指引,可靠性重于相关性。由于资产入账的原值为其历史成本,是资产取得时的实际资金消耗量,而且一经确定,原值数额不得随意更改,因此相对可靠。又因为历史成本是往昔发生的交易或事项形成的,是相对于报表编制日来说的,所以当初的交易价格已经成为历史成本。此外,历史成本能够获得原始凭证的支持,具有可验证性,人们相对比较熟悉,也就比较放心。

历史成本显得稳重、成熟。我国的会计准则是以历史成本为基础的。例如,《企业数据资源相关会计处理暂行规定》按照会计上的经济利益实现方式,根据企业使用、对外提供服务、日常持有以备出售等不同业务模式,统一要求对数据资产采用成本计量,未引入公允价值计量,即无论是初始计量,还是后续计量,企业均不得以评估等方式得出的金额直接作为入账和调账的依据,这样的规定是谨慎和务实的。但财政部会持续关注数据交易市场的发展,待市场成熟后适时研究引入公允价值计量的可行性。

如实思维不等于只以实际成本计量。计量属性反映的是会计要素金额的确定基础,包括历史成本(实际成本)、重置成本、可变现净值、现值和公允价值等,其中,实际成本只是可供如实思维的一种计量方法,其他计量方法也是在某种历史成本的背景下,交易双方自愿进行资产交换或债务清偿的计量方式,是实际成本在某种特定情况下的"翻版"。

2.2.4 公允价值的如实性思考

基于公允价值的计量源于参考市场上的公平交易价格或采用估值技术来确定价值,这种思路侧重于关注需求端或供求利益的平衡。在决策有用观的指引下,相关性往往重于可靠性。为了达成交易目的,只要能够提供与决策相关的信息,计量属性的选择就可以不拘一格。财务报告的目标由此也被修改为向现有和潜在的投资者、债权人以及其他使用者提供有助于其做出决策的信息。

会计需要具备公允思维。公允就是公正的、适当的。有失公允、显失公平,会引起人们的不满并激化矛盾。公允价值是指在公平交易中,熟悉情况的交易双方自愿进行资产交换或者债务清偿的金额。这应当是实在的,而不是虚构或夸大的。公允价值入账后就成为历史成本,后来由于价值的波动,经过公允价值损益调整等,产生新的公允价值,之后又变成新的历史成本,循环往复。

在翻腾起伏的会计长河中,公允价值是一朵显眼的浪花,富有朝气,其进步性在于弥补了历史成本的不足,但其还不够成熟,尚在摸索中,也为制造"纸面上的富贵"打开了方便之门。

20世纪初,美国会计界尚未制定公认的会计方法和程序,政府部门对上市公司的信息披露也缺乏相关规定。自由放任的环境赋予了上市公司不受任何限制的会计政策自由选择权,上市公司大股东和管理层尽量选择对其有利的会计计量方法,资产重估成为"美化"财务状况和"提升"经营业绩的便捷手段。1929年纽约股票市场崩溃,投资者损失惨重,大量金融机构破产倒闭,引发了全球性的经济大萧条。金融危机发生后,美国国会启动调查问责机制,除操纵股价、内幕交易和违背信托责任外,国会认定监管缺失和滥用资产重估也是造成股灾的两个重要原因。自2008年全球性金融危机发生以来,公允价值会计的命运可谓峰回路转。从危机最严重时几乎被废止,到后危机时代卷土重来,历经重重磨难的公允价值会计的运用范围日益扩大。[1]

我国企业会计准则体系建设中之所以引入公允价值的计量属性,一方面是因为随着我国资本市场的发展,越来越多的金融产品在交易所挂牌上市,使得金融资产的交易形成了较为活跃的市场,已经具备了引入公允价值的条件;另一方面是为了切实反映企业的实际情况,同时充分考虑与国际财务报告接轨的现状等。然而在实际操作中,公允价值计价方式暴露的缺陷至少如下所述:

第一,主观性较强。公允价值的市场环境复杂多变,有的事项可以确认或寻找相类似的交易价格,有的却无法寻找而只能估计。商业保密原则和信息阻断等因素使得公允价值的取得和公允性判断难度较大,进而影响了数据的客观性。现值技术运用中的期望报酬率、收益期以及现金流量估计具有较大的不确定性,其可靠性令人怀疑。经过公允价值的"包装",确实可以把不值钱的资产包装成值钱的东西卖出去,进而愚弄投资人。

第二,操作性较差。由于资产种类繁多且处于不同的市场环境中,各种

---

[1] 黄世忠,王肖健.公允价值会计的历史沿革及其推动因素[J].财会月刊,2019(01).

信息参差不齐、真伪难辨，是否存在活跃的市场交易价格等判断难度较大，因此有些问题难以解决，只能大致估计或采取近似价值。在市场信息不充分的情况下，公允价值很容易产生被操纵的嫌疑，成了最不公允、最不透明的调节手段。

第三，信息成本很高。公允价值既难以取得，又受关联交易的影响。在采用公允价值计量时，要求在每个会计期末分析相关因素后对资产和负债的公允价值做出认定，这样既增大了信息成本，又费时耗力，一些会计人员对此耿耿于怀。

诸如此类的缺陷如果被别有用心的人利用，就可能成为造假的源头。例如，一些"扭亏为盈"的公司，公允价值变动收益往往较多；一些利润增加幅度较大的公司，公允价值变动的增幅也较大。这就使人怀疑公允价值是否在其中"作祟"。一些公允价值的变动看上去很"公允"——走程序、请专家、出具正儿八经的评估报告，其实可能是不公允的，比如，先有成交价，再出评估值，然后去"凑平"收益额、收益期、折现率等评估要素……

多年前，我接到过一项验资业务：某公司拟将正在办理过户的一块土地注入一家新成立的公司作为实收资本入账，客户拿出了资产评估报告书。评估前，该块土地价值几千万元，尚未开发，是半年前购入的，只付了前期款项。评估后，该块土地的价值是按照规划中的未来收益测算的，高达几十亿元。我当场提出三个疑点：一是土地尚未过户，无法确认权属；二是未来收益太离谱，恐怕难以落实；三是增值几十亿元，信吗？值吗？如果卖给你，你要吗？我感到这样的业务既不"公允"，也不"可靠"，于是没有接受这项业务委托。当时有同事劝我说：既然有评估报告垫底，怕什么？后来我被同事责难：别人能做，为什么我们不能做？我以为，注册会计师利用了专家工作得出的结论，如果足以实现审计目标，就可以接受专家在其专业领域的工作结果或结论并作为适当的审计证据；如果不能，就不应轻信。诚信是一份沉甸甸的责任和义务。

公允价值本应是一种用来如实反映未来事项的较好的计量方法，应能较好衡量未来事项的经济实质，因而不能有悖于可靠性，这是底线思维。在法律上，真实出资至少有两层含义：一是"资"的本身必须是真实的，符合出资的法律规定；二是"出"的行为必须是真实的，应当依法办理财产权的转移手续。在司法实践中，判断会计信息真实性的现实标准包括法律真实和程序真实，不能损害公众利益和社会利益。

2.2.5 多元计量模式的如实性思考

由于交易是复杂的、多样的,因此只有多种计量属性并存才能满足会计计量的客观情况和实际需要。会计思维应当区分情况,实事求是,量化择优。

(1) 在认知企业差异的基础上区别不同计量模式

承认差异能够导致差别思维并产生差别报告。不仅企业之间的差异客观存在,而且不同信息使用者对会计信息的需求大有区别;不仅对内报告与对外报告有差异,而且对外报告因使用者的要求不同,需求差异也是客观存在的。这些差异并不会因"国际趋同"而消失殆尽。

承认差异的理性认知必然反映在会计制度方面。我国会计准则按其使用单位的经营性质,分为营利组织的会计准则和非营利组织的会计制度。在营利组织的会计准则中,又按其经营规模的适用范围分为企业会计准则和小企业会计准则。企业会计准则基本采纳公允价值,政府会计和民间非营利组织会计制度部分酌情采纳公允价值,小企业会计准则没有采纳公允价值。

由于小企业无须承担公共受托责任,其规模比较小,经济业务并不复杂,也没有信息公开的特别要求,因此从相关性和成本效益角度考量,可以为小企业量身定制税务导向性的简易会计模式,这也是差别会计制度产生的根源。我国《小企业会计准则》规定,会计要素采用历史成本作为记账基础,没有采用税法上不认可的公允价值作为记账基础,不要求计提资产减值准备,对发生的坏账,采用直接转销法核算,在其实际发生且会计上已做损失处理的年度申报税务进行扣除;长期股权投资采用成本法,不采用权益法,投资在持有期间的公允价值发生变动的,不要求进行会计处理,只要求在报表附注中披露短期投资的期末账面余额、期末市价、期末账面余额与市价的差额;在收入、费用的确认上尽量减少或缩小与现行税法的差距,减少纳税调整的项目和内容;采用应付税款法,不采用资产负债表债务法或纳税影响会计法;等等。如此做法,既正视了会计信息的有用性,也有利于在保证会计信息真实可比的前提下减少会计核算和纳税申报等的工作量。当然,由于《小企业会计准则》与现行税法的确认口径不同,两者之间存在的差异仍需纳税调整。①

---

① 李敏.小企业简易会计新模式——税法导向与差别报告的应用价值[M].上海:上海财经大学出版社,2020.

(2) 采用多元计量模式共享数字红利

在数字经济时代,驱动创造价值的因素很多,不能只用货币计量。借助大数据、区块链、云计算、物联网和人工智能等信息技术的赋能,会计实现货币与实物双重计量并非天方夜谭,会计将从单一的货币计量向动态多重计量发展。

既然各项计量属性有着各自特定的用途,健全多元计量模式就有了底气。历史成本侧重于原来买的时候花了多少钱,重置成本侧重于现在再买需要花多少钱,可变现净值侧重于现在卖掉并扣除税费后还剩多少钱,现值侧重于未来资产增加的净现金流量按资金成本折现后的价值,公允价值侧重于熟悉交易信息的双方或多方自愿接受的价格,这些计量模式之间不仅有概念上的差异,而且有时间点上的差异、应用范围的差异和不同价值表现的差异等,都应当是信息使用者所关心的。

目前,会计计量和报告基本遵循单一的历史成本计量模式,即使采用历史成本与市价孰低法,或历史成本与公允价值并用,基本也是一元模式。随着商业模式的不断创新、经营环境的千变万化,一元模式已经无法全方位地满足广大会计信息使用者的信息需求,不少信息使用者既关心历史成本的可靠性,又关心公允价值的相关性。谢荣教授针对时弊,基于探索既能提供丰富会计信息,又易于理解和便于操作的新路径,在《论会计计量和报告的二元模式》中提出同时采用历史成本和公允价值两种计量属性来对每一资产、负债、收入、费用项目进行计量和报告的模式,其中以历史成本为基本计量属性,以公允价值为参考计量属性。① 二元会计计量可以遵循总结过去、关注现在和展望未来相结合原则,历史成本的严谨可靠和公允价值的合理有用相结合原则,日常核算和月末调整相结合原则,最大限度地满足会计信息使用者的信息需求。

除了在一个会计系统中采用二元计量模式外,还可以探索在多元模块中多元计量的记账模式,即一家企业的一套数据(面对同样的经济业务或信息资料)进入一个系统的不同核算模块,可以采用不同的计量方法进行平行记账。例如,财务会计模块采用历史成本计量模式,侧重于可靠性思维;管理会计(决策会计)模块采用公允价值计量模式,侧重于相关性思维;税务会计模块采用税法规定的计量模式,侧重于可靠性与相关性相结合的思维;等等。

随着数智化的推进,各种数据通过系统的输入、输出和加工,不断满足不同的供需要求,会创建更优秀的计量模式。数字化趋势一定会给会计计量带来高

---

① 谢荣.论会计计量和报告的二元模式[J].会计之友,2008(12):4-8.

效化、便捷化等优势,这是会计共享数字红利的必然选择。量化择优是帮助会计工作完成确认和计量的思维与行为。利益相关者既要获取高质量的会计信息,也期望通过量化择优发挥会计信息更加多元的作用。

(3)针对不同资产的价值属性配比选择相应的计量模式

会计定义的资产＝过去的交易或事项形成的经济收益＋企业拥有或控制的经济收益＋预期带来的经济收益,这三个限定条件分别对应资产的形成、权属和计量。

资产的形态不同、价值内涵各异,应配以不同的思考维度和计量模式(方法),以利于内涵属性的合理指向性。资产的价值如果是根据创建资产的成本确定的,就是基于成本法的思维;如果是根据市场上可比商品的市场价格定义的,就是基于市场法的思维;如果是根据对资产未来现金流量的估计定义的,就是基于收益法的思维。

历史成本法体现的资产的属性是资产投入价值,即过去形成资产投入的成本或者费用作为资产的价值。若物价变动幅度不大,则可沿用历史成本/名义货币计量模式;若物价变动幅度较大,则改按可变现净值/不变购买力计量模式来确定,并披露物价变动等信息。对于盘盈资产的价值,可采用重置成本法,即按照现在购买相同或者相似资产所需支付的现金或者现金等价物的金额计量。

公允价值法体现的资产的属性是资产交换价值,即按照在公平交易中熟悉情况的交易双方自愿进行资产交换或者债务清偿的金额计量,如无形资产的计量可采用现行市价/评估作价的计量模式。

收益现值法体现的资产的属性是资产在用价值,是指资产按照预计从其持续使用和最终处置中所产生的未来净现金流量折现的金额。其中,如何准确区分直接收益、分成收益、超额收益、增量收益很重要。

计量模式不能各行其是。《基本准则》规定,企业在对会计要素进行计量时,一般应当采用历史成本,采用重置成本、可变现净值、现值、公允价值计量的,应当保证所确定的会计要素金额能够取得并可靠计量。也就是说,各种会计计量不能背离如实可靠的根本性要求。资产的属性要求其采用的计量模式能够合理地反映其客观价值。会计计量的本质就是准确、完整地反映资产的内在价值。资产的属性与计量模式的匹配是会计理论与实务的重大问题,值得进一步认真研究和深入探讨。

2.3　数字经营与数字正确

2.3.1　数字经营必须从数字正确开始

会计对数字情有独钟——取得数字的方式特别便捷,理解数字的环境特别融洽,利用数字的场景特别丰富。根植于数字思维的会计应当具有立得住、行得通、管得好的优势。随着会计对象的数字化,更需要精准掌控各项会计要素的具体状态及其动态趋势,以利于信息的共享和互通等。会计向数字化转型应当掌握好会计对象数字化的思维及其精髓,理解其最基本的规范要求,即万变不离其宗的道理——坚持如实思维,努力量化择优。

日本经营之圣稻盛和夫于 27 岁创办京都陶瓷株式会社［现名京瓷(Kyocera)］,52 岁创办第二电信(原名 DDI,现名 KDDI),这两家公司都在他的有生之年进入了世界 500 强。2010 年,日航向东京地方法院申请破产保护,在民主党鸠山政府的三顾茅庐下,稻盛和夫 78 岁时出任日航的会长(董事长),重整日航。2011 年日航合并经营利润达到 2 049 亿日元,创历史新高,并在 2012 年 9 月 19 日重新上市。

稻盛和夫不把会计简单理解成记账,而把会计视作数字化经营的工具。他把经营比喻为驾驶飞机,会计数据就相当于驾驶舱仪表上的数字,机长相当于经营者,仪表必须把时刻变化着的飞机的高度、速度、姿势、方向正确及时地告诉机长。如果没有仪表,就不知道飞机所在的位置,就无法驾驶飞机。稻盛和夫认为,经营者自己必须懂会计,不能充分理解仪表上数字的意义,就不能说是一个真正的经营者。经营者看到财务部门提交的结算报表,要从中听出收益难以提升的呻吟之声、遭受削减的自由资金的哭泣之声等。经营者对会计要充分理解,让结算表能够清晰地表达经营状况和存在的问题。经营者懂会计,平时就能指导财务人员。只有经过这样的努力,经营者才能实现真正意义上的经营。

稻盛和夫以为,对"经营"而言,数字便是一切。他是如何认知数字并通过数字开展经营的呢?

首先是数字正确,无可挑剔。只有拿到正确的经营数字,各个部门乃至整个公司才能据此做出经营判断。财务上的数据失误,会直接影响经营判断。要做到完美很难,但是一定要有追求完美的态度,这样就能减少犯错。对会计统计数据,经营者要严格审核,不允许出现任何错误。经营者严以律己,完美主义原则就能够渗透到整个公司,成为每位成员的习惯。"对不起,我重做"是一种遁词,错误不可能用橡皮擦掉。

其次要数字透明,要用严肃的态度通过数字开展经营。财务必须是光明正大的,而不能弄虚作假。不但经营者要知道公司的经营状况,员工也要知道经营者在干什么,这才叫透明。通过构建一个玻璃般透明的系统,使隐蔽或模糊事实的企图变得不可能。不论在什么情况下,都必须保证钱、物和票据的一一对应,尤其是赊销和赊购,每一笔账务对应的是什么必须清清楚楚,不能笼统对冲。坚持贯彻"一一对应"原则,数据就能如实地反映经营事实,票据上的数字累加起来,就是公司整体的真实数据,据以做出的结算报表就能如实反映公司状况。

再次是数字管理,再小的组织单位也必须有明确的数字目标。要用具体的数字明确表述目标。不仅销售额要建立明确的目标,而且利润要建立明确的目标,并用数字具体表示出来,这种目标在空间和时间上都必须明确。空间上明确,即目标不是全公司的一个抽象数字,而是分解到各个部门的详细资料,每一个基层员工都要有明确的指针和具体的目标。时间上明确,即不仅设定年度目标,而且设定月度目标,月度目标明确了,每个人就能看出每一天的目标,员工们明白了自己每一天的任务,完成这些任务就有了方向和动力。数字目标明确,经营者就可以与员工共勉;如果目标不明确,经营者不能指明前进的方向,员工就会无所适从、各行其是,方向混乱,力量分散,组织的合力就无从发挥。

最后是数字经营,利润无须强求,量入为出,利润随之而来。销售最大化、费用最小化是经营的原点。要在销售额提升的同时不增加费用,甚至降低费用,这才是经营。节省一切能节省的费用,如使用二手办公家具、清理没用的库存等。对固定费用的增加保持警惕,设备不要最贵的,而要性价比最高的。①

2.3.2　会计的现实问题是信息失真

会计失真与如实反映背道而驰,这是最令人担忧的问题。会计失真就是失

---

① 稻盛和夫.不懂财务就不是真正的经营者[EB/OL].(2023-05-26)[2024-02-21].https://business.sohu.com/a/679245305_120251480.

去本意或本来面目，跟原来的客观存在（事实）有出入，不能正确反映会计主体真实的财务状况和经营成果等。会计失真可分为无意失真和故意失真两类。

无意失真是在会计核算中存在的非故意的过失，如核算中的重记、漏记、串账、借贷方向错位、数字计算错误、对事实的疏忽和误解、对会计政策的误用等。无意失真易于查找和纠正，一般不具有隐蔽性。

故意失真是指有预谋的、有针对性的造假或欺诈行为，也称会计舞弊，如伪造、编造会计记录或凭证，隐瞒或删除交易或事项，记录虚假的交易或事项，蓄意使用不当的会计政策等。故意失真是故意行为，当事人舞弊是因为有不正当的企图，如为侵吞现金而隐瞒现金收入业务，为粉饰业绩及骗取上市资格而虚列收入、少计费用等。

识破舞弊需要知识，也要运用常识或增长见识。常识是通常能被理解的基本事实或原则，是通过日常经验积累而来的，也是一种智慧，如有足够的银行存款一般不会借款。见识是一种更高层次的认知能力，具有更广阔的视野、更深刻的理解和更敏锐的洞察力，如超百倍的市盈率正在透支着一家公司的前途、吞噬着未来的价值。有人以机器不会出错、手工总会出错为由，认定会计终将被机器替代。其实当今的舞弊大多在计算机信息系统中生成，无意失真的比重在减少，故意失真却日益复杂起来，那些金融资产泡沫化无疑就是信息化"泡沫"的衍生品。智能机器在不当思维的指引下，其舞弊的危害性必将更大。

2.3.3 故意失真是问题的症结

症结原指腹内结块的病，比喻疑难所在或问题的关键，是造成或很可能造成僵局的重要方面，也指病根。如今令人大为头痛的会计问题是如何应对故意失真。会计能否抵御故意失真从而如实反映？

如实行为具有时态性。有人曾经"如实过"，即有过如实的经历和干净的账务，但如实的动作过去了；有人还在"如实着"，即如实的情况存在，如实的动作还在延续。糟糕的是有人不愿如实，因为有"既得利益"；有人不能如实，因为有"现实压力"……不愿、不能如实反映已经成为会计失真的症结所在，或者说，故意失真是当前会计最大的毛病。

从"变通"走向"变造"进而"伪造"，数字造假、报表失真、会计舞弊已经使会计受到社会舆论的诟病。输入的是垃圾，无论计算机的处理过程多么高效，都只会产生更加令人迷惑的垃圾。所以,不许、不能输入垃圾很重要!

2.3.4 数字防伪与会计诚信

一方面,不诚信的环境难以获得公信力,包括资本市场欺诈在内的种种舞弊已让不少人伤透了心。另一方面,已有不少人在觉醒、在觉悟,不能继续让垄断的、有权的、中心化的机构继续"横行霸道",不断"收割大众"。研究表明,机器学习可以预测错误和违规行为,分析财务报表或改进审计程序等。人工智能技术、区块链技术、数字孪生技术的推广与应用,既是技术的进步,也是代码、数字、机器介入公平、公正、公开的过程,有助于重新构建起新的商业关系乃至生产关系。用技术与道德指引机器的诚实行为,让机器的公平制约人的不道德、不诚信行为。人们在千方百计改变生存环境"恶劣"的一面,营造数字防伪的诚信环境。

会计履职是一种受托责任,包含对委托方的忠实与诚信。"诚"由"言"和"成"组成,说到做到,即"言必信,行必果"。"信"由"亻"和"言"组成,人要言而有信,才能立人处事。"诚"侧重于"内诚于心","信"侧重于"外信于人"。"诚""信"融合,内外兼备,具有丰富的文化内涵。尽忠职守、抱诚守真是会计诚信文化的内核。受托责任是会计的重要思想源泉,也是会计理论产生、发展和变化的重要理论基石。

对别人讲信用,对自己很坦诚,光明磊落,不做亏心事,是一种自觉自律的诚信品质。聪明的会计人员不会透支自己的信用,也不会辜负别人的信任。被誉为"中国现代会计之父"的潘序伦认为,信用是立身之本,没有信用,也就没有会计。他倡导"信以立志,信以守身,信以处事,信以待人,勿忘立信,当必有成"。他认为,会计师应以"诚信"二字最为重要,成功失败之机,实可谓全在于此。[①] 他创办的会计师事务所,就是闻名遐迩的中国会计品牌——立信。

真假是非考验着会计诚信。对照诚信这面镜子,可以正衣冠、端品行、回归会计的本源性思维与本质性要求。上游思维把眼光投向发源地,追根溯源,以便根治问题,防患于未然;下游思维常常会陷入"摁下葫芦浮起瓢"的窘境,被动反应,治标不治本。

[①] 胡玉明.珍贵的会计史料 经典的学术文献[J].新会计,2023(9):4.

追求真实是一个过程,有程度深浅,还可能有瑕疵,但绝不能因为难以绝对真实,就不去谋求客观如实。学会计、做会计、教会计、审会计、管会计,都应以如实反映为天职,以数字准确为己任,这是不可改变的道理与神圣的使命。目前,中国注册会计师行业每年调整上市公司隐匿的虚假资产、税费等约1.25万亿元,每1元审计投入带来约150元的纠错效应,在促进资本市场健康发展、维护市场经济秩序中发挥着重要作用,成为社会信用体系建设的有力支撑。[1]

风险越大,如实思维的诚信品质越重要。从数据源头控制数据质量,有助于数字化的诚信管控。会计活动需要计算,但不要算计。会计活动要理直气壮地坚持正直核算,谨防各种别有用心的算计行为。如果缺失诚信,假账泛滥,会计行业的生存与发展就会岌岌可危。所以应当进一步将失信、失败案例公之于世,以案说诚、以案讲信、以案立法,倡导守信光荣、失信可耻、知耻而止,形成诚实安全的社会氛围。

2.4 数据资产与数据思维

2.4.1 数字驱动与数字化转型

近年来,与人沟通或说服别人时,需要用数据说话。采用数据思考并解决问题是一种思维方式的转变。数据正在连接一切、驱动一切、重塑一切,成为数字化转型的核心要素,催生数字会计。

会计以量化的、系统的、专业的思维方式,摆事实,讲道理,成为数据信息忠诚的记录者和有效的使用者。会计善于用数字说话,能够理解数据信息的奥秘,在业财融合、算管融合、数实融合[2]的智能化进程中,遵从会计核心价值观,接轨优秀的会计思维,有助于慎始敬终、砥砺致远。

从数字化角度来看,会计是在数字的怀抱中成长起来的,或者说,数字怀抱着会计前行。没有数字,就没有会计,也就难以经营好企业。计数用数不亡,会计活动不灭。从计数、簿记、会计到数字会计的发展进程表明,会计活动与社会经济共同进步,且越来越重要(如图2.2所示)。

---

[1] 蓝佛安.牢记嘱托 勇担使命 推动注册会计师行业高质量发展更好服务中国式现代化建设——在中国注册会计师协会第七次全国会员代表大会开幕会上的讲话[EB/OL].(2023－12－05)[2024－2－21].cnki.com.cn/Article/CJFDTotal-JKJS202312005.htm.

[2] "数实融合"是指数据与业务的融合、数字经济与实体经济的融合。

图 2.2　会计与时俱进

2.4.2　数据要素与数据资产

在"无处不数据"的当下,数据思维相当重要。要理解正确的数据思维,先要界定清楚数字、数据、数据资源、数据资产之间的关系。数字≠数据≠数据资源≠数据资产,数据资产应能肩负起提能增效、变现增值的生产力功能。

数字或数据是原始材料。数字是由特定数码组成的表示特定量值的书写符号,是数据最基本的组成部分。数据是指任何以电子或者其他方式对信息的记录,是信息的表现形式和载体,可多维分类。其中:量数是对事物进行测量的结果,如符号、文字、数字等,是作为某种"量"而存在的,让人明白有多少;据数源于对周围环境的记录,如图片、视频、音频等,是作为某种证据、根据而存在的,让人明白是什么。自进入信息化时代以来,数据成为在计算机系统中,以二进制信息单元 0 和 1 的形式表示的字符,是所有能输入计算机并被计算机程序处理的符号的总称,也是具有一定意义的数字、字母、符号和模拟量等的通称。数据成为继土地、劳动力、资本、技术要素后的第五大生产要素,具有 5"V"特征:大量(Volume)、多样(Variety)、高速(Velocity)、价值(Value)、真实性(Veracity)。[①] 数据要素就是数字化的信息,其不仅无形,而且可以无限复制,是一种非常强大且灵活的资源,能够不断创造新的价值和机会,已快速融入生产、分配、流通、消费和社会服务管理等各环节,其乘数效应离不开数据要素的丰富程度、要素市场发展的成熟度、数据应用场景与应用价值的清晰度等。"数据+算法+算力"对社

---

① 2020 年 5 月,中共中央、国务院发布《关于构建更加完善的要素市场化配置体制机制的意见》,对土地、劳动力、资本、技术、数据五项生产要素的市场化配置改革提出纲领性意见,数据首次作为生产要素出现。

会生产力具有改造和重塑的作用,会深刻改变生产方式、生活方式和社会治理方式等。

数据资源是可供利用并能带来效益的记录信息的数据集合。当原始数据积累到一定规模,并经过必要的加工、清洗和独立存储,具备潜在的使用价值时,就形成了数据资源。作为数字化转型应用的基础原料和核心要素,数据资源应当经历数据治理过程,通过对杂乱的、原始的基础数据进行一系列加工处理,做到准确、及时和全面,使数据价值得以"显化"。数据准确就是要实现数据的自动采集、处理、校验、填报及上传,无修改、无掩饰、如实如是地呈现真实情况。数据及时就是要打破物理世界的时空阻隔,突破人脑容量的限制,实现海量数据的实时获取,无延时、无丢失、无地理限制地在各组织层级及业务之间,按需实现数据的零时差共享。数据全面就是要沿着行业的全链条、项目的全周期、业务及管理活动的全过程,实现数据的全覆盖,将企业转变为一个"数出同源,一源多用"的有机整体。

据温州网 2023 年 10 月 11 日报道,温州市以市大数据运营有限公司"信贷数据宝"数据资源为实例,率全省之先积极探索数据资产管理试点工作,已顺利实现数据资产确认登记第一单,这也是目前国内公开报道的财政指导企业数据资产入表第一单。企业数据资产确认登记是指企业根据数据资产确认相关标准、程序和资产登记要求,按照业务与技术相结合的原则,将符合条件的数据资源确认和登记为资产并入账入表。

数据资产是特定主体(对象化了的)从数据资源中提炼的具有明确经济价值的部分,是能够为企业带来未来经济利益的数据资源。数据从资源变成资产,需要完成资源化、产品化和资产化三个过程,通过实质性的劳动创造,将数据资源的使用价值变为数据产品的交换价值,晋升为数据资产可预期的经济价值。其中:数据资源化是原始数据经过加工整理、归集存储,形成具有使用价值的数据资源的过程;数据产品化是数据资源与生产经营结合,根据特定的业务需求和应用场景,经过实质性加工或创新性劳动,形成具有可满足用户需求的,以数据集、数据信息服务、数据应用等为可辨认形态的产品类型(价值的实现);数据资产化是数据产品通过场内的数据交易和场外的交互利用能够带来经济利益或实现市场价值的过程,包括内部使用的隐性经济利益和对外服务的显性现金流等。

在会计上,数据资产是指特定主体合法拥有或者控制的,能进行货币计量的,且能带来直接或者间接经济利益的数据资源。[①] 由于数据资产的特殊性,因此在对其的定义中凸显了"合法"性的要求,即只有符合资产的定义且符合资产的确认条件的,才能在资产负债表中确认为一项资产,否则只能在利润表的相关成本费用项目中予以反映。或者说,有价值的数据不等于具备数据资产的确认条件,只有经过会计确认的可控制、可计量、可变现的数据资源才能予以资产化。例如,某电网公司在多年运营中积累并形成了用户、用电量等相关数据信息,创建了专门的数据资源库,并经过研究形成了用电数据分析工具(产品),可以通过季节、时间段、地理区域等多维度的用电分析,形成对未来用电趋势的预测结果。该数据库和分析工具可用于企业自身的经营管理,有助于显著提升运营效率。经审核,这些数据资产均是合法或经用户充分授权取得的,具备可界定的权利属性,在技术支持的范围内可实现量化,预期经济利益很可能流入企业,且符合可辨认性无形资产的确认条件,同时借助完善的数据内部治理机制,相关成本能够可靠计量,可以作为"无形资产——数据资产"予以确认、入账。由此可见,产品思维、权属思维、价值思维在数据资产的确认过程中相当重要。

在初始计量方面,企业可根据不同数据资产的计量属性采用相应的确认方式。例如,自创自用型数据资产应企业内部运营和管理需求而建立,应关注其发生的实际成本,并区分研究阶段与开发阶段,分别予以费用化或资本化。又如,外部交易型数据资产是通过市场交易获得的,有对应的市场价格,包括购买价款、相关税费等。企业通过外购方式取得数据采集、脱敏、清洗、标注、整合、分析、可视化等服务所发生的有关支出,不符合数据资产定义和确认条件的,应当根据用途计入当期损益。在后续计量方面,数据资产在后期开发与应用过程中的价值会处于变动状态,实际价值可能与账面价值背离,因而应该定期进行合理调整。在会计披露方面,应当多层次披露数据资产的内容及其价值影响因素等。数据资产的入表会改变总资产规模、资产的组成和结构,数据资产的摊销将成为一项费用体现在利润表中,而数据资产的获取和开发会影响经营活动或投资活动的现金流。

凡是企业不能合法拥有或无法控制的,预期不会带来经济利益的,其成本

[①] 《企业会计准则——基本准则》规定,资产是指企业过去的交易或者事项形成的、由企业拥有或者控制的、预期会给企业带来经济利益的资源。《企业数据资源相关会计处理暂行规定》(财会〔2023〕11号)认为,本规定适用于企业合法拥有或控制的、预期会给企业带来经济利益的数据资源。《信息技术服务 数据资产管理要求》(GB/T 40685-2021)将数据资产定义为合法拥有或者控制的,能进行计量的,为组织带来经济和社会价值的数据资源。

或价值无法可靠计量的,均不能确认为资产。例如,某企业通过相关数据平台免费下载法律条文、法律判决等数据资料,用于智能司法研究,在这种情形下,尽管该企业可以利用下载的数据资源开发相关数据产品、提供相关数据服务等,预期也能够产生经济利益,但由于这些平台是开放的、免费的,该企业没有对该数据实现拥有或控制,也没有因取得这些数据而发生相关支出,因此这些数据不具备作为数据资产予以确认的条件,更不能通过资产评估调整入账。如果该项数据资源能给企业当下带来一定收益,则可以作为营业收入;如果为此发生过一些必要的费用性支出,则可以计入当期损益,但不可以通过摊销方式在使用期内分期扣除。

2.4.3 数据化思维与数字会计

掌握数据不等于数据化思维,运用好数据才是关键。数据化不仅是将纸质文件转换为电子格式,更重要的是具备数据思维。数据是基石,发现问题时,它是提炼问题的矿山;解析问题时,它是打磨观点的金刚砂。但数据兼具正、负两方面的外部性,必须认真对待。从正向外部性看,数据具有高流动性、低成本复制、报酬递增等特点,有利于提高资源配置效率,创造新产业、新模式,实现对经济发展的倍增效应。从负向外部性看,数据由多主体生成,信息敏感度高,减损贬值较快,还可能带来泄露隐私、对安全造成潜在危害等风险。

数据资产用途广泛,包括数据资产增信、转让、出资入股、质押融资、资产管理、资产信托、资产保险、资产证券化等,所以既要有开放的思维,又要有合规的意识,建立健全数据资产分类分级授权使用规范,包括公共数据、个人数据、企业数据分类分级确权授权制度,数据资源持有权、数据加工使用权、数据产品经营权"三权分置"的数据产权制度等。

数字经济是产业数字化(重在数据产生)、数字产业化(重在数据应用)以及数据资产化(重在数据价值)相辅相成、不断循环的过程。数据思维是以数据为依据,把业务过程中的各项因素转化成数据进行研究,用数据和论证支持观点,找出数据背后的真相,进而用数据驱动思考的思维方式。数据思维是一种商品化路线和价值化取向,会沿着数据资源化、数据资产化、数据资本化的路径不断推进,且通过对内提能增效、对外变现增值来彰显数据的价值,因而需要注重对数据的循环式提升和运营化保障等。例如,企业利用各类运营数据,驱动精细化管理;利用客户等市场营销数据实现精准化销售;利用订单数据、商品数据、客户数据制订精确合理的生产计划；等等。数据资产有两端：一端是业务与资产形态的数据化过程，包括促成"业务数据化"或实现"资产数据化"等；另一端是数据资源业务化或资产化的过程，包括促使"数据业务化"或达成"数据资产化"等。

会计部门是"天然"的数据中心，在动态收集、分析、研判等环节发挥作用，助力企业实现提质、扩量、增效，尤其是通过加强数据资产管理来帮助企业充分发挥数据的价值，保障企业高质量发展。会计人员可能是"天然"的数字化专家，既善于运用数据化方法扩展会计数据范围并实现代码化，如用"1001""1002"替代"库存现金""银行存款"会计账户（科目）的名称，每个会计科目就是一个数据集合；又善于运用数字化工具来实现会计数据采集、存储和传输，如运用扫码枪抓取电子发票上的会计数据并据以自动生成记账凭证，通过预置科目对应关系来实现账务自动结转、报表自动生成等。会计的逻辑就是将业务语言翻译成会计语言，并按照会计思维及其规则的要求整理单据等，从而反映业务的来龙去脉。会计思维＋数智赋能，将使数字会计如鱼得水、如虎添翼。

具备数据化思维的数字会计，把思考建立在量化数据的基础上，是一种简约的、精细的、实时的、智能的专业技能，其优势至少有四点：一是能更好地处理复杂的数据。传统的凭借经验、直觉的决策方式已经无法满足现代社会的需求，数智赋能可以更好地处理海量数据，从中提取有价值的信息，提高决策效率和质量。二是可以把问题梳理清楚，不仅能解决实际问题，而且能发现潜在问题，以及隐藏在数据背后的规律和趋势，洞察问题的本质，从而制订更加科学、有效的解决方案。三是可以提高数据的质量和应用价值，包括充分考虑数据的准确性、一致性、完整性、规范性、时效性和价值性。四是可以提高数据治理的效率，防范数据风险，实现数据的合规使用和共享共通等。

过去，在推行管理会计的进程中，最大的障碍是数据来源的分散化、碎片化，难以数字化、产业化、资产化等，还存在数据准确性、完整性、一致性和时效性等问题，导致获取管理会计所需数据复杂且受限。有IT专业背景的人员不一定具备会计要求的数据思维。要克服这些障碍，就需要培养具有数据思维的管理会计人才，充分发挥数据在量化择优中的共享与整合作用。

会计人员融入数据化就在于能够转向数据思维，能够全面认知并有效结合数据和数智化工具来准确分析业务场景，包括掌握数智化工具，养成数据先行和使用数智化工具来解决问题的思维方式，并将其应用到实际工作中；培养数据分析及相应的解析能力，具备用数据说话的思维模式；深入业务，赋能"业财融合"，深度发掘业务价值；等等。

数据化思维是一种数实融合、知行合一的思维模式和行动指向，既要保持对数字的敏感性，又要擅长观察数据，从数据中找问题、找规律并提炼见解，让数据赋能业务、服务管理。只有真正将数据用起来，才能发现数据的价值。

2.4.4 会计信息化与数据化思维

在会计信息化环境下，企业中相当一部分会计工作是通过会计软件完成的，通过"业务数据化"或"资产数据化"，让"信息驱动业务"。信息化可以整合各种信息，集成不同业务系统的模块，其基本特征是数据整合、系统集成。过去，各种经营数据可能需要先导出，经格式转换、分类汇总等人工处理后导入或者输入会计系统。现在，业务系统与会计系统互联，业务发生时，业务系统就可以将数据直接推送给会计系统。会计系统根据这些数据，按照既定规则生成记账凭证并自动记账。这一过程就是业务直接驱动会计，其有四大优势：一是提高效率，二是增进核算的及时性，三是避免人工差错，四是提高系统间数据的一致性。

由于会计信息化是指企业利用计算机、网络通信等现代信息技术手段开展会计核算，以及利用上述技术手段将会计核算与其他经营管理活动有机结合的过程，因此会计成为各方面经营管理信息汇聚的枢纽。规模越大的企业，会计信息化涉及的部门、业务、流程就越多，需要协调的关系也越复杂。会计信息化项目应当由具有足够权限的企业负责人来领导，重大事项需要企业主要负责人主持决策。

数据化思维需要依靠信息化并与"数据业务化"紧密相关。以微信为例简要说明"业务数据化"与"数据业务化"的关系。当人们访问微信时会产生阅读、点击、滑动、跳转、点赞、评论等行为。微信记录这些用户行为的过程是一种"业务数据化"，记录这些行为的日志产生了数据，还没有产生价值。当微信加工、分析、利用这些数据进行产品设计，对用户进行信息推送时，就完成了"数据业务化"的过程。数据化转型就是千方百计让数据驱动业务。

数据化将各种信息转变为可以度量的数据,再据以与想要实现的目标建立起适当的模型以进行快速处理。随着数据化程度的加深,信息实现了从"跟随"业务,到"陪伴"业务,再到"引领"业务。坚持以客观数据为基础,可以有效避免主观化、负面化,防止以偏概全。对客观数据进行科学分析并将分析结果运用到经营管理各个环节,能够以数据服人,将"大概""也许""可能""差不多"的模糊思维替换为有逻辑的推论。通过对数据的关联分析、预测分析、事实推理获得结论,可以避免通过直觉做决定的情绪化决策等。

在日新月异中,能够去粗取精、去伪存真、删繁就简,是极为重要的思维方式,即数据化应当善于将复杂的信号变成能计、会算、直白的意见或结论,能帮助人们提高解决问题的效率,更有效地应对各种复杂的问题与挑战。繁事化简,难事化易,是最难能可贵的。无论怎样数据化,还原本真是关键,而不是相反;数据化意在开放、兼容、共享,而不是侵犯、侵害、侵占。其中,数据化通过大数据、人工智能、区块链等新技术将数字"格式化",其核心在于复杂数据的"在线化",而不是对数据采集、传输、存储、分类和应用的扭曲。数据化转型后,企业利用海量数据和新技术,既萃取标准,又深度挖掘,提升应用数据的水平和效率,反哺业务决策过程。

2.4.5　务实求是以不断提升会计品质

首先要认真"如实"。能否真实可靠始终是过去、现在、未来会计的本质问题,这里至少包括三个重要命题:一是会计的根本属性——提供的信息是否如实,是不是真实可靠;二是会计问题的根源——是否提供如实信息,要不要真实可靠;三是不少会计问题的底层逻辑——如何才能如实思维,能不能真实可靠。不管人们看到的、听到的现象多么纷繁复杂、变化万千,都是其背后的"思维"在指挥着、主导着,这些"看不见的手"就是"本源"或"底层逻辑"。

接着要主动"务实"。"务"的本义是专门从事、致力追求。从"如实"走向"务实",彰显"想如实""能如实"的主动作为,是提高会计信息质量的有效保证和高质量会计信息的奠基石。社会需要什么样的信息?会计能扮演什么角色,提供怎样的信息?会计有没有未来,主要考察社会需要以及会计能提供什么,这是根本的导向性问题。

最后要积极"求是"。这是"想如实""能如实"的高质量表现和高境界体现,可以提高会计工作的品质,提升会计的品牌效应(如图2.3所示)。从"如实",走向"务实",迈向"求是",是会计日臻完善的发展方向。

```
   如实思维  →  务实思维  →  求是思维
 达成根本性目标   提供高质量信息   完成高品质工作
```

图 2.3　如实思维的高质量表现和高境界体现

例如，在量化择优方面，应当寻求科学的计量规则，选择合理的计量属性，确认应予记录的经济事项，包括应当正确理解价值类型的基本内涵与表现形式，审慎求取与价值类型相适应的计量结果，体现以下会计思维的基本诉求：

一是能否保持同质性。会计计量所揭示的数量关系（主体）应与被揭示对象的内在价值（客体）高度相关，即会计计量应有客观约束的价值属性，而不是任意随性。

二是能否具有证实性。在给定条件相同的前提下，对同一客体的计量应得出大致相同的结果，其计量结果是可以互相验证的。

三是是否具有一致性。计量方法的使用要保持前后期一致，以免使用者产生误解。对不一致的情况应当做出说明。评估公允价值要杜绝胡思乱想，对收益期的确认、现金流量的预测、终值的预估、折现率的计算等数据的输入都牵涉主观判断，其微小的变化可能对所推导的结果产生重大影响，应当科学细分、仔细斟酌、小心求证。

四是能否具有可比性。会计计量必然考虑时间因素的影响。经营活动处于动态变化中，如果会计计量只是静态的，其计量基础就不符合科学逻辑。但不同基准点的会计计量不能画等号，不能胡乱地将过去、现在、未来不同时点的会计对象进行相加、比较。资产在不同时点具有不同的价值，因而不同时点的资产不具有可加性、可比性。

如实思维应当深度融入信息化、数字化的各个层面，并自动检测、协调与报告，包括事前自动化检测一项行为或一份报告是否周密地考虑了如实反映的规范要求，事中实时监控如实反映的实施过程及其具体状况，事后判断并报告如实反映的落实情况及其后果等。

以史为鉴，坚持稳中求进，方能循道致远。追求可靠性是高质量会计信息的思维基础。会计思维的核心要义是始终坚持实事求是。"实事"就是客观存在的一切事物;"是"就是客观事物的内部联系,即规律规则性;"求"就是去调查、去研究;"求是"就是认真追求、切实研究事物的发展规律与内外部联系,作为工作的目标和向导。从实际出发是前提,理论联系实际是方法,实践检验认知是标准。社会环境的变迁和商业模式的演进,必然对会计产生重大影响,唯有理性认知数字经济的影响,才能有的放矢地肩负起提供高质量会计信息的重任。会计人员寻求真知灼见,要真正知道,要确实看见,要正确认知。会计思维经过"务实""求是",与经济发展同频共振,一定能产生高质量的会计信息。

第 3 章

平衡思维＋智谋自衡

3.1 从复式记账说起

3.1.1 复式记账与平衡思维

从原始的结绳记事，演变为竹简墨书、纸张笔录，直至现代的电子账本，会计一直是通过记录、分类、汇总与报告进行记账、算账和报账的。记，从言，己声，指把口头的话、口传的事写下来。账，从贝，长声，表明与财富有关。账目是关于钱财出入的记载，将收支情况记录在案具有牵制的意思。会计记账是指根据审核无误的原始凭证及记账凭证，按照会计科目登记账簿的核算环节。

(1) 原始社会与简单记录

原始的社会分工和产品分配使人们逐渐形成数量观念，并尝试以实物、绘画、结绳、刻契等方式来记录实物之间的数量关系。《周易》记载着上古结绳而治，圣人易之书契等情况。"书"指将人们要表达的事物记录在相应的载体上。"契"字上部分左边为"丰"，代表刻画在载体上的数字或事物的形状，右边为"刀"，代表刻画的工具。"契"的本意是用坚硬的工具在载体上刻画。原始社会没有纸张，文字是用刀刻写在陶器上或龟甲兽骨上的。官员们用文字来治理政事，百姓们用文字来知晓事理。这些原始的计量与记录行为是会计的萌芽。

(2) 农业经济与单式簿记

以土地和劳动力作为主要生产要素的社会，虽然生产力水平低下，但随着剩余产品与私人财富的积累，受托责任产生，会计逐渐从生产职能中分离出来，成为特殊的、专门委托有关当事人从事的一项独立的活动。会计记账编辑成册,既能维护委托人财产物资的安全完整,又能反映受托人的履职情况。作为一元思维的单式记账,其特点是只登记现金、银行存款的收付业务和各种往来账项,对每项经济业务,一般只在一个账户中登记,反映经济业务的某个方面,虽简单明了,但不够完整、系统。

(3)工业经济与复式簿记

复式簿记最早流行于佛罗伦萨,其形式仅限于记录债权、债务,后来在热那亚应用的账簿把记账对象扩大到商品和现金。比较完备的复式簿记是在威尼斯盛行的方法,其除了记录债权、债务、商品和现金外,还设立了"损益"和"资本"账户。1494年卢卡·巴其阿勒(Luca Paciolio)出版的《算术、几何、比与比例概要》是第一本描述复式簿记制度和提供会计记录论据的著作,对会计核算具有里程碑的意义。近现代会计就是基于借贷复式记账的一种核算制度安排,这是以公司制为代表的现代商业世界的底色。

复式记账的思维是多元的,且以会计平衡为理论依据。任何一笔经济业务的发生或完成都有来龙去脉(因果关系),其资金增减变动是内在关联的。这种客观存在想经过复式记账完整地反映出来,就需要在相互关联的账户中进行登记。登记错了,就不平衡了,就需要纠正。

为了避免纷争,正确的交易记录很重要。记账作为专业的会计行为,一要明确会计主体——给谁记;二要明确会计分期——记在什么时候;三要明确计量单位——有多少;四要明确会计科目——记成什么;五要明确记账方法——怎么记。复式簿记是13世纪作为文书证据在意大利诞生的。当时的账簿,在首页上会写上对神的起誓语言并画上十字架,也就是说,向神起誓账目记录是真实的,如有虚假就会受到相应的惩罚,以此来限制账簿造假,促使交易记录正确,使账簿发挥文书证据的效用。

复式记账比单式记账进步,其至少有两个明显的平衡思维特征:一是平衡记账,对每一笔经济业务都要按规定的会计科目,以"有借必有贷,借贷必相等"作为记账规则(平衡原理),同时在相互联系的两个或两个以上账户进行分类记录,以反映经济业务的来龙去脉;二是试算平衡,可利用会计要素之间的内在联系和试算平衡公式,对账户记录的结果进行平衡测算,以检查每笔经济业务是否合理合法等。每个精明的商人从事经营活动都必须利用这一人类智慧的绝妙创造。

3.1.2 会计是讲求平衡致和的

2023年6月2日习近平总书记在文化传承发展座谈会上阐述了中华优秀传统文化的很多重要元素，包括富民厚生、义利兼顾的经济伦理，天人合一、万物并育的生态理念，实事求是、知行合一的哲学思想，执两用中、守中致和的思维方法，并要求把马克思主义基本原理同中国具体实际、同中华优秀传统文化相结合，筑牢道路根基，让中国特色社会主义道路有更加宏阔深远的历史纵深，拓展中国特色社会主义道路的文化根基。只有文化自信，才能立得住、站得稳、行得远。

兼顾、并育、守中、致和的思维方法是中华优秀传统文化的重要基因，滋养着会计的平衡思维。"中"的情况普遍存在于日常生活百事。"用中"就是要善于吸收"两"中的积极因素。"守中"的目的在于"致和"，建设并达成天地各安其所、万物各遂其性的和谐世界。《中庸》第一章认为，"中也者，天下之大本也；和也者，天下之达道也。致中和，天地位焉，万物育焉。""和"是中华传统文化的核心理念，饱含着中国传统哲学智慧和辩证思想，作用于经济社会生活诸领域，是调节各种关系的内在动力。对"和"的认知根植于百姓的理财思维，和能生财、和能聚力、和能致祥、和能旺家，这些朴素的价值追求体现了"和"的实用性特征。

万事皆有度，处事需适度。要力所能及，不是力所不逮。能看清临界点，就有边界感。唯张弛有度，方能收放自如。平衡思维在于用中致和，这既是会计受托责任的压力使然，也是会计中性（中立）立场的内涵实质。过度与不足归属于行为的两端，是恶的表征。善行在于适中、适宜，能够节制与平衡。经济利益越是纷繁复杂，越要学会统筹兼顾，即使身处"三夹板"的困境，会计的中立立场、平衡思维也不能偏废。

平衡影响着事物的来龙去脉，万物来之于平衡，去之于新的平衡；从平衡到不平衡，从不平衡到新平衡；平衡中有不平衡，不平衡中有平衡。事物总是在从平衡到不平衡再到新平衡的螺旋式循环中得以发展的。原有平衡被打破代表旧事物的消亡，形成新的平衡代表新事物的诞生。系统经过循环后，"新平衡"与"原平衡"总会发生变化。平衡是暂时的，只有通过协调才能平衡。协调以至和谐圆融、配合得当，可以正确处理好内外各种关系，为经营正常运转创造良好的条件。

在会计这个生态系统中，各项会计要素之间相互影响、相互制约，在一定时期或一定状态下处于相对平衡状态。学习会计从平衡原理开始，学做会计更应明白借贷原理、记账规则、平衡方法等会计常识。如同等号是用于建立数学关系和方程式不可或缺的部分，平衡是建立会计关系和会计等式不可或缺的思维方式和行为措施，是最常见的会计认知逻辑。这些符号与认知不仅是关于知识及其应用的故事，而且是人类智慧的结晶、理解世界的工具、连接过去和未来的桥梁。罗伯特·雷科德(Robert Recorde)在寻找一种简单的方法来表示两个数量相等时创造了"＝"这个符号。雷科德解释说，由于在两件事之间没有比两条平行直线更相等的事物，因此他选择了两条相同长度的平行线来表示相等。同样，会计人员在探求一种简单的方法来表示资金的来龙去脉时创造了"平衡"这个专用词，由于平衡可以解释经济业务之间的前因后果及其相关增减变动的缘由，因此就选择了平衡关系来丈量复杂的业务活动状况。

平衡意指齐平如衡，或保持对称。整个会计系统的设计就是一张庞大的资产负债表(资金平衡表)，表内各个项目的运行总以某种独特的方式维系着某种平衡，寻求着平衡的稳健、稳健的平衡，或平衡的制约、制约的平衡。会计思维总是一体两面，从资金来源和资金占用两个角度来看待交易或事项。钱从哪里来，用到哪里去，两者相互依赖、相互作用、保持平衡。

中华会计自古讲求平衡致和，一旦缺乏平衡感，就会没有安全感，如收不抵支或资不抵债，就会陷入资金拮据或不能支付的窘境。会计人员所说的"平不平(平衡或不平衡)"至少有以下几层含义：一是指恒等(＝)，即需要保持绝对平衡，如会计恒等式；二是指大于等于(≥)，即需要保持相对平衡，如收大于支，而不是资不抵债；三是指勾稽关系对应(平衡)，即需要核对后保持一致，如借贷双方相等、报表项目间的各种对应关系符合规范要求、账与账之间结转轧平等。

千钧将一羽，轻重在平衡。秦汉时期的"三柱结算法"，以"入－出＝余"作为结算最基本的平衡公式。唐宋时期的"四柱结算法"，用"旧管(上期结余)＋新收(本期收入)＝开除(本期支出)＋实在(本期结存)"的平衡式加以总结。明末清初的"龙门账法"将全部账目划分为进、缴、存、该四大类。"进"指全部收入，"缴"指全部支出，"存"指资产(包括债权)，"该"指负债(包括业主投资)。四者的平衡关系归纳如下：该＋进＝存＋缴或进－缴＝存－该；结账时，"进"大于"缴"或"存"大于"该"为盈利。这种双轨计算盈亏并检查账目平衡关系的方法被形象地称为"合龙门"，"龙门账"因此得名。清代在"龙门账"的基础上发明了"四脚账法"，一张账页以中线为间隔，上收下付或上来下去；相关账页及账页中记录方向的选择依相关经济业务所引发的资金流向而定，资金的来源记录在相关账页的来账方向,即账页的上方、收方,资金的去处则记录在相关账页的去账方向,即账页的下方、付方;一律遵循"有来必有去,来去必相等"的记账规则,与借贷复式簿记的原理基本相同。

平衡法则是高级的、辩证的思维形态。放大来看,事物的两极与认识的两端,犹如天平的两边,确实是需要平衡的,包括变与不变的平衡。科学技术日新月异,是变的一边,通过推进会计过程数智化,可以将会计活动中的各个环节进行数字化管理和行为优化。但会计良知与会计规律是会计的根基,是不变的一边,会计责任无论在什么环境下都不能舍弃。会计转型应当掌握好会计数智化思维及其精髓实质,理解其基本的运作要求就是平衡思维和有效制衡。会计正处于快速转型期,最考验人的就是两边怎么做到有效平衡、同频共振,在服务好数字经济的过程中平稳、有序、可持续地发展。善于平衡是有智慧的。会计转型应当以动态平衡和静态平衡的智慧与数智化接轨同行。

放眼数字时代,数字技术迭代打开了新的发展空间,是推动新质生产力和导致生产关系变革的基本动力。从构成数据生产力的基本环节和核心特征分析,数据、算法、算力三者之间不仅需要平衡,而且亟须构建与之发展相适应的生产关系,并保持平衡。只有平衡好数字生产力的发展与数字生产关系的治理,才能在数字时代的竞争中拔得头筹。

3.1.3 平衡思维与制衡功能

会计平衡能够使对立的各方在数量上相等、相近或相抵等,这种状态对会计管理具有特殊意义。会计的管理之道在某种意义上就是不断寻找事物之间的联系并予以制衡。

从会计管理实质看,平衡是责、权、利各方的均衡,应各负其责、各自归位。从会计操作层面看,平衡是对各项会计要素的衡量,应各司其职,通力协作。从维持平衡状态看,平衡包括整体、部分、结构之间的协调等,以利于可持续稳定发展。从会计平衡时态看,平衡是对过去、现在、未来的考量,应当动静交织。静态平衡是动态活动的静止状态,动态平衡的结果又会回归静态平衡。平衡管理就是妥善处理好各种平衡关系的技术技巧或工作能力,犹如运动员在平衡木上做各种技巧动作,是可以通过训练来提高的。

会计平衡具有制约思维,助力制衡机制和制约效应。例如总分类账户和明细分类账户,由于登记的会计凭证依据相同,核算内容相同,两者结合起来既总括又详细地反映同一事物,因此总分类账户和明细分类账户应当平行登记,即对所发生的每项经济业务都要以会计凭证为依据,一方面记入有关总分类账户,另一方面记入所辖明细分类账户。总分类账户与明细分类账户平行登记的要点和主要控制思路如下:登记总分类账户与明细分类账户都要以相关的会计凭证为依据进行全面登记,在登记总分类账户的同时,要在同一会计期间记入总分类账户所属的明细分类账,且记账应当同向,总分类账户的金额要与明细分类账户的合计金额相等,由此可以确保总分类账户与其所属明细分类账户的期初余额、本期发生额、期末余额合计是账账相符的。

实践中,制衡思维最早体现在内部会计控制过程中。会计平衡为恰如其分的制衡提供了理性依据,制衡思维恰好也是源于需要不断平衡的内在要求。良好的制衡不仅是控制措施,而且是管理机制。会计平衡是内在的、有规律的和有制约性的。不懂平衡,不会配比,不能节制,后果不堪设想。企业可以因地制宜、有的放矢地选取以下路径来实施制衡:

一是同质化制衡:将某类项目或事务分设两个部门,或由两个人员操作,彼此互不隶属,直接听命于上级部门,如设置两个销售部,均听命于销售总监。

二是异质化制衡:按照功能或程序将某些事务拆分,不同的人员或部门独立存在,又有一定的联系,如分设市场部、销售部、核价部、仓储部、物流部等,各个部门的业务相互关联,任何部门都不能一手遮天。

三是交叉化制衡:将不同部门的工作交叉配置,或轮岗切换,既有助于监控,又可以发现或储备人才,必要时还可以快速填补空缺,如市场部、销售部、核价部、仓储部、物流部的岗位定期轮换等。

四是随机化制衡:不定期或随机安排监督人员、监控对象、检查时间等,使制衡措施具有不确定性,由此提高员工的警觉性、效率性和管控的持久性。

五是配比性制衡:配比是将相关的费用和收入在一定会计期间相互配合和相互比较的计算程序。只有经过合理配比,才能比较正确地计算和反映经营成果。配比性制衡也是一种建立在平衡基础上的制约关系。

3.2 平衡思维与智能核算

3.2.1 平衡法则与记账思维拓展

会计最理解平衡法则,会计之道就是平衡之道。资金流动的结果是新陈代谢后资产或资本的保值增值。任何新陈代谢都不应该破坏会计要素之间的平衡机制,如资产＝负债＋所有者权益。许多会计项目之间还存在"期初余额＋本期增加额＝本期减少额＋期末余额"的平衡关系。变换上述公式中各因素的平衡关系,可以分析某些指标产生差异的原因,并测定其影响程度等,从而发现各种不平衡因素。

会计平衡从设计会计要素及其记账活动开始,具有对称、均衡、制衡等内涵,其依据就是对立的两极是存在联系的,是可以协调的。

抚今追昔,记账方法随着生产力发展水平的不断演变而循序渐进。从单式记账(一维记账法)晋升为复式记账(二维记账法),演变为三式簿记(三维记账法)或分布式账本(多维的无限点记账法),会计人员始终没有停下边探索边前行的脚步。引入会计数字化、智能化以后的会计将被不断赋能,并被赋予更大的创新空间,会计平衡在此期间将大有文章可做,智能记账将向着简约化或多元化的方向发展。"经济越发展,会计越重要"也体现在不断与时俱进的记账方法更新中。

在单式簿记下,账户设置不完整,只能反映一部分经济业务,且只能反映该部分经济业务的某个方面,不能进行总体试算平衡,缺乏对经济业务的全面制衡。

在复式记账法下,任何会计核算过程与结果都不是碰巧地随意完成的,而是完全地、有系统地完成的,否则两方就失去平衡了。复式记账让管理者和会计人员经受这种压力——一定要交代清楚资金的增减变动情况及其原因。

三式记账法由美籍日裔会计学家井尻雄士(Yuji Ijiri)在1982年所著的《三式簿记和收益动量》中提出,是一种对每项经济业务以相等金额记入相互对应的三类账户的会计方法。复式记账法的纯粹方程式可以归纳为"财富(资产－负债)＝资本",井尻雄士由此推导出以下两种三式记账法,虽未见诸实践,但提供了探索的空间:一是时间三式记账法。记账方程式为"预算＝财富＝资本"。式中,财富反映现在,资本说明过去积累的经营成果,预算则面向未来。在复式记账法基础上增加的预算类账户用于记录目标资本的增减变化,即未来计算期目标资本要求达到的水平。二是微分三式记账法。记账方程式为"财富＝资本＝动力"。它把资本解释为财富的微分,为财富现状提供了理由;动力则为资本的微分,为财富现状提供理由的理由。在复式记账法的基础上,添加动力类账户来记录收益变动的原因,即差异,于是把各种差异纳入了账户体系。

数智化将进一步拓展平衡记账的视野与思路，促使会计反映的场景、方式、方法发生根本性变化，包括通过数字孪生技术等，把交易或事项毫不走样地同步记录下来，创造数字版的"克隆体"。这时的会计反映不再局限于单纯"拍照式"的记录，而是极为便捷地、低成本地实现了业务、数据的实时链接与集成，实现了主动防伪、积极打假等多重功能。

孪生原指母体一次妊娠分娩两个婴儿，俗称"双胞胎"。数字孪生又称"数字双胞胎"，是将现实世界镜像地投射到数字世界，又可分为局部数字孪生、静态数字孪生和动态数字孪生。如上海的数字城市，基本上能将上海所有的区、街道、楼栋在数字世界里构建一模一样的数字模型。据说"孪生"的概念与美国国家航空航天局的"阿波罗计划"有关，即构建两个相同的航天飞行器，其中一个发射到太空执行任务，另一个留在地球用于反映太空中航天器在执行任务期间的工作状态，从而辅助工程师分析处理太空中出现的紧急事件。数字孪生作为连接实体与数字空间的一种高保真、实时互动的可视化模型，将成为一种更加实时、高效、智能的服务方案。

数字孪生的流动是双向的，本体向孪生体输出数据，孪生体向本体反馈信息，这符合相互制衡、相互稽核、减少差错的思维。数字孪生还可以贯穿产品设计、开发、制造、服务、维护乃至报废回收的整个周期，这又与会计的全生命周期管理思维相吻合。数字孪生可以是几个甚至很多个，这与区块链的思维有着异曲同工之妙，都在打假、反假、抗假，助力信息真实可靠。

3.2.2 业财合一与简化记账思维

消费者通过淘宝客户端购物的过程是业财合一的例证。在此消费流程中，消费者最后付款的行为引起资金的变化，属于会计业务。淘宝前台业务部门不仅对这个交易结果（付款）进行了记录，而且对消费者的整个购买过程进行了详细记录。该过程包括消费者货比三家，将备选的货物放入购物车，对最终选中的货物下单，下单后付款等。会计可以基于业务数据库，根据需要，提取数据，进入账簿和报表等。在资金流自动下沉业务数据库时，业务数据库中的资金信息与会计账簿的资金信息完全一样，这样企业的业务流、资金流和信息流就完美融合在一起，"业财"实现了真正的"合一"，会计重心才能全面转向业务，转向资金管控，从而彻底打通业务、资金和信息之间的逻辑关系。

初学会计人员或非会计人员在理解借贷记账法时总有困惑：以科目名称表

示的账户结构,左边是借方,右边是贷方;但在借方科目中,左边是增加,右边是减少,而在贷方科目中,左边是减少,右边是增加;同样是借方,有时表示增加,有时表示减少,有些别扭。美国著名会计学家A. C. 利特尔顿(Ananias Charles Littleton)在《会计理论结构》中也提出了自己的困惑与无奈:某些账户的左方代表增加,而在其他账户中增加却登记在右方,这种安排实在太复杂了,以至于试图将其合理化成为徒劳无益的事。迄今,这种借贷规则(左方和右方)仍然属于复式记账的一个基本部分,我们别无他法,只好接受它并且记住它。

从手工记账到电算化记账,编制借贷会计分录是基础。进入数据化时代以后,如何通过一定的规则将记账的内容转变为业务数据库的结构化数据以及如何将业务数据库的结构化数据提取为报表内容并简化记账方法,正在探索中。有学者基于"业财合一"理论,建议从资金运动的角度重新诠释会计账户的结构:账户的左边(借方)登记资金流入量,账户的右边(贷方)登记资金流出量;对位于资金流动起点的项目,资金从该项目流出,资金流出量就应该在该项目对应账户的贷方登记,即"贷"表示该项目位于资金流动的起点;对位于资金流动终点的项目,流入该项目的资金应该在该项目对应账户的借方登记,即"借"表示该项目在资金流动终点的位置;资金运动有终点必有起点、有起点必有终点;起点的流出量一定等于终点的流入量;基于"资金运动,终点记借、起点记贷"的新规则与"有借必有贷、借贷必相等"相吻合,于是"业财合一"会计理论轻松解决了"利特尔顿的困惑",轻松拆解了让非会计人员望而却步的"借""贷"盲盒。[①]

不远的将来,人们不仅生活在真实的物理空间,而且生活在数字化、虚拟化的网络空间。元宇宙就是平行于现实又独立于现实的数字虚拟世界。元宇宙经济将催生新的会计范式——一种以数据作为会计唯一要素,采用数字货币计量和非对称单式记账进行账户自动记录与会计报告交互式的元宇宙会计。元宇宙会计不再需要复式记账,因为账户之间的对应关系不复存在。[②]

3.2.3 平行记账的多元化思维

多元化的平行记账源于账簿体系与管理要求的拓展。账簿体系由总账、明细账、备查账和各种格式的账页组成,管理要求反映在业务需求、控制需求、财务需求、税务要求等方面,由此就为多维记账与多元信息化系统提供了拓展的

---

① 张道路,施先旺."业财合一"视角下会计数字化转型研究[J].财会通讯,2023(13):142-147.
② 王开田,蒋建华.元宇宙会计构建研究[J].财务与会计,2024(03):6-12.

思路与创新的方向。

一套信息系统能否经过不同模块的加工整理后平行不悖地提供不同规格的信息报告,以满足不同用户的信息需求?各种各样的管理模块能否在多管齐下的基础上平行联动,以满足诸多不同方面的管控要求?统一规定编报的对外会计报告和灵活多样的内部会计报告需求如何并存不悖、分别反映?能不能做到核算、管理、控制、分析、审计的信息互通互联、有机结合?……

我国的政府会计由预算会计和财务会计构成。预算会计实行收付实现制,财务会计实行权责发生制。为了确保政府会计主体将发生的各项业务统一纳入会计核算系统,确保会计信息全面反映政府会计主体的预算执行情况、财务状况、运行情况、现金流量等,我国政府会计率先采取平行记账的独创方法。

平行记账要求针对同一笔经济业务(纳入预算管理的现金收支),既要按照权责发生制进行登记,也要按照收付实现制进行登记,即在同一张记账凭证上,按照不同的核算基础和计算口径,同时进行财务会计与预算会计的账务处理。这样处理的好处是既可以反映单位的预算执行情况,又可以正确反映其运行成本和资产状况等,这是政府财务会计和预算会计功能适度分离又相互衔接的核算模式的典型特征。[①]

平行记账实现了对同一个会计信息系统,区别财务会计与预算会计的不同功能对数据再加工,在一定程度上凸显了数据集成、技术集成的会计改革系统观,使财务会计、预算会计两个模块既相互独立又相互呼应,分别反映业务的核算内容和经济实质,有助于政府会计主体根据会计信息使用需求,从不同的角度对信息进行分析和使用,既提高了会计信息的可用程度,又具有系统性、逻辑性和完整性。

平衡的可以是平行的,平行的有助于平衡,或可以从平衡的角度多方位、更全面地体现信息化的多元需求。平衡思维与平行记账能从不同的方向寻求互不干扰、互不冲突(平行的方法)地解决问题的思路。充分利用信息化、数字化与智能化,一定可以满足多方需求。

3.2.4 区块链思维与分布式记账

区块链和分布式记账技术是新一代信息技术的重要组成部分,是分布式网

---

① 李敏.政府会计——行政事业核算新模式[M].上海:上海财经大学出版社,2021.

络、加密技术、智能合约等多种技术集成的新型数据库系统。区块链技术具有数据透明、不易篡改、可追溯等特性，有望解决网络空间的信任和安全问题，推动互联网从传递信息向传递价值转变。会计由此打破原有的记账模式，变成全网共享的具有更广泛平衡意义的分布式账本。这是一种数字记录，用加密形式多节点记录每一笔交易，形成数字链的每个"块"都经过非对称技术加密数字编码（其中包含交易日期和"时间戳"）。这是一个分布在多个节点或计算机设备上的数据库，每个节点复制并保存相同的账本副本，平行记账，账本中的数据信息共享，被称为分布式共享账本。在这种由分布式账本的每个存储点组成的链式结构中，各存储点之间相互独立，依赖共识机制来确保每个存储点上的信息一致，且参与记账的各方之间通过同步协调机制，保证数据的防篡改和一致性，规避了复杂的多方对账过程等。

为了加强区块链标准工作顶层设计，促进区块链产业高质量发展，工业和信息化部、中央网络安全和信息化委员会办公室、国家标准化管理委员会组织编制了《区块链和分布式记账技术标准体系建设指南》（工信部联科〔2023〕260号）。区块链思维不仅聚焦技术架构的可靠性、分配过程的公平性、成员行为的规范性，而且注重解决社会交往中的信任难题。采用基于协商一致的规范和协议，区块链中的所有节点都能够在信任的环境中自由安全地交换数据，对人的信任变成了对机器的信任，人为干预便不起作用了。除了交易各方的私有信息被加密外，区块链的数据对所有人公开，任何人都可以通过公开的接口查询区块链数据和开发相关应用，整个系统的信息高度透明。这种基于代码的信任、难以篡改的信任、众所周知的信任，是解决好信任危机、处理好生产关系的伟大发明之一。

3.2.5　人工智能核算、核对、验证及其他

企业可以利用人工智能的多维核算，综合不同的数据集，广泛收集相关信息，形成数据库，进行历史的、现实的、未来的数据比对、稽核、分析、平衡、实时更新与验证等，还可以依据数据的分析结果，选择相应参数，得出相关结论，供管理层使用，包括事前风险分析、事中运营分析、事后绩效分析等，并可以根据不同参数、趋势模型等，及时提供多种精准的预策和决策方案，不断验证、比对实施情况，及时跟踪，动态反馈，这是传统会计难以做到的。

人工智能可以提取语音中的关键信息，自动进行归纳分类，并命令系统完

成操作,其语言方面的交互性已十分强大。语音指令会计核算主要采用语音识别、语音转换技术,通过人工智能训练自动将语义转换为结构化信息,自动完成各类会计要素金额、时间、地点等方面的填制和核算,包括语音指令记账、核算和编制报表。会计人员在与人工智能拟人化的交互中,可以轻松完成会计核算与比对等流程,使核算工作变得简单、快捷和高效。

机器视觉可以从客观事物的图像中提取信息,用机器的视觉来代替人眼。例如,机器视觉核对验证包括:① 会计凭证查重、查错与验证。例如,会计核算工作中需要验证发票等原始凭证是否重复及其真伪,并对其合规性进行审核,传统方法是人工登录税务局网站输入相关信息后逐个查询,而机器视觉能使该项工作实现自动化。② 自动实现记账与价税分离核算。审核原始凭证是会计核算的第一步,原始凭证审核完成后需要根据复式记账原理选择核算科目和相关的数量、单价、金额等,机器视觉可以自动确定核算的具体内容,并根据原始凭证的类型和业务情况,自动确定可以抵扣的进项税额等。③ 各种平衡关系、数据勾稽关系的核对、分析,并报告相关情况等。机器"慧眼"的智能审核功能将助力会计活动的各个领域——以往由人来完成的工作变为人机协同完成。

3.3 平衡机理与赋能机制

3.3.1 平衡分析机理与内在赋能机制

机理是为实现某一特定功能,于一定系统结构中各要素的内在工作方式以及诸要素在一定环境条件下相互联系、相互作用的运行规则和原理。平衡分析在于能恰当运用好事物自身内在对称的运行机理,不偏不倚,致和赋能。正-反、新-旧、虚-实、长-短、前-后、高-低、上-下、多-少、强-弱、立-破……一方因另一方的存在而存在,双方在一定条件下相互转化,包括形式与内容、现象与本质、物质与意识、现实与可能、主观与客观、输入与输出、行为与目的、作用与反作用、原因与结果等,这些都具有特定的运行机制。当内在机理失调、运作机制失衡时,就会出现问题。

自然界失去平衡,环境就会遭殃;人的生理失去平衡,疾病接踵而至;经营管理失去平衡,运营过程焦头烂额;理财失去平衡,财务危机就在眼前……现代社会倡导生态平衡、资源平衡、发展平衡等。会计人员越是逆风而行,越要学会系统性的平衡思维,学会统筹兼顾、综合治理、稳中求进,确保在风险挑战中砥砺前行。

企业经营管理过程中充满着各种各样的矛盾,包括生产与库存、积累与消费、投入与产出、资源与分配、资产与负债、收入与支出等,其中,比例失调、结构失配、指标失算就是不平衡。平衡是有条件的、暂时的、相对的。现在看起来是平衡的,过后又被矛盾的斗争打破平衡,这样周而复始,推动着经济事务不断发展。通过平衡分析,及时发现薄弱环节,挖掘经济发展潜力,失去的平衡就可以转变为新的平衡。平衡是矛盾暂时、相对的统一。

市场竞争、经济波动、通货膨胀、风险变动等,加上企业内部管理不善等原因,很可能造成会计失衡,如收不抵支、资不抵债等。即使是盈利企业,也会遇到现金流入量与现金流出量不平衡等问题。不融合、不平衡,就会造成相关指标失衡。业务管理中的不平衡最终会表现为指标上的不平衡。指标上的不平衡也会反映业务管理中的不平衡。不平衡是绝对的,平衡是相对的。平衡分析是通过解析指标之间是否平衡,揭示指标之间出现的不平衡状态及其性质和原因,指引人们去寻求平衡的方法。平衡赋能的任务就在于利用平衡与不平衡的关系以及时间上的空隙、数量上的差异等,去解决不平衡,去追求新的平衡。

平衡分析是多元的,包括整体(系统)平衡、局部(部分)平衡、结构平衡等,其重点在于发现管理失衡的现状及其变动趋势,其分析方法包括余额平衡分析、发生额平衡分析、全额平衡分析、结构平衡分析和财务指标平衡分析等,用以达成洞察信息、透视经营、发现问题、予以警示、防错纠偏、平衡发展等目的。

3.3.2 产销失衡与业财平衡赋能

产销失衡中的"产"是以货币形式表现的在一定时期内生产的最终产品或提供劳务的总价值量,体现生产总规模或总成果,包括已实现销售的和没有实现销售的。企业只有把生产的产品提供给社会,才能加速资金的周转,提高自身的经济效益。如果生产的产品很多,但销售的很少,甚至销不出去,就很难实现增收;如果实现了尽产尽销,但成本费用过高,利润率很低,甚至亏本销售,也不能实现增收。所以需要通过对产销平衡状况的分析来发现并解决好产销失衡问题。

销售增加,库存上升得更快,是一种不平衡;销售增加,应收账款增加得更多,也是一种不平衡;销售增加,利润减少,还是一种不平衡;净利润为正数,净现金流量为负数,或者说,经营净现金流量小于净利润,更是一种不平衡。产销不平衡往往表现为两个方面:一方面是生产量增加,库存积压,应收账款上升;

另一方面是产销率下降,利润减少,现金流量更少。

根据"本期产品销售量＝期初产品结存量＋本期产品产量－期末产品结存量"的平衡关系,可以分析企业产品销售量与产品生产量的协调情况是产大于销,销大于产,还是产销平衡。这种平衡分析是一种对勾稽关系的分析,在财务分析中有特殊用途。

产销平衡是生产方和销售方配合协调的理想境界。产销平衡增长是企业的发展之本。只有充分满足业务销售额需要的生产量,才能做到进出有序,及时回笼资金,使企业运作进入良性循环。

3.3.3　财务失衡与资金平衡赋能

资金暂时处于某个时点的状态体现了一种静态平衡关系,如资产＝负债＋所有者权益,这是一种相对静止、相对平稳的状态,或各方面在数量上相等的情形。资产、负债、所有者权益构成一组会计要素,反映某一会计时点上的平衡关系。会计人员可以运用平衡分析来检查一定会计期间全部资金来源与全部资金占用之间的平衡状况,包括编制平衡表、建立平衡关系式、进行指标的平衡分析等。

资产包括有形资产和无形资产,好似一个人的有形躯体和无形的精神世界。这种存在,一方面有赖于遗传基因,如原始投资或自有资本;另一方面有赖于成长过程中的营养输入,如借入资本(金)。自有资本是投资者投入的资金来源,是企业成长的原动力,具有造血功能。借入资本是体外的资金来源,是企业发展壮大的给养,也是必不可少的。一家企业,有多少资本,就必定反映在多少资产上,而资产应始终等于负债＋所有者权益。自有资本增值越多,借入资本的作用越大,相应的资产就越多,这是一种必然的内在平衡关系,是一种自动调节机制。如果作为造血功能的自有资本遭到破坏,作为营养输入的借入资本又遇到阻碍,企业就会萎缩。一旦企业有不良资产,又不善于药到病除,就必然影响投资者的收益,或使资本受到伤害,严重时(如资不抵债)就会陷入破产的境地。

3.3.4　盈亏失衡与收支动态赋能

事物要维持平衡,就离不开运动,运动是实现和维持平衡的必要形式,如收入－费用＝利润,属于动态的平衡关系,是运动中求得平衡的结果,即从动态分析看,收入、费用、利润构成一组会计要素,反映经营期间经营成果变化过程中的平衡关系。"衡"既是名词,表示秤杆,以示平等;也是动词,表示称量,意为使之"衡"也。平衡→不平衡→新平衡,是平衡的循环与周转,也是平衡思维与会计管理的重点内容之一。

利润表的会计等式是收入－费用＝利润(或亏损),当收入＞费用时,利润就有了来源;当收入＜费用时,亏损就产生了。

由于利润归属于所有者,因此新的所有者权益＝原有的所有者权益＋利润＝原有的所有者权益＋收入－费用。

将上述等式嵌入资产负债等式后,就是资产＝负债＋所有者权益＋收入－费用。

收入增多,费用减少,利润就会增加,积累就会增多,这种积累可以充实资本,使资本不断保值增值,使企业的发展有长足的后劲;相反,如果入不敷出、精疲力竭,则不仅会损害企业形象,而且会大伤元气,如不及时医治、对症下药,最终亏损之口就会吞噬资本,灭顶之灾就会降临。"收入－费用＝利润"的这一平衡关系反映了资产运作的动态过程。收大于支产生盈利,资本增值;收小于支导致亏损,资本贬值。所以,一家企业的损益是否平衡以及与之相关的经营成果就属于利润表分析应重点关注的范围。

事物之间有联系才有平衡。事物存在和联系的背后是平衡问题,平衡点就是相互联系着的事物之间的关键因素,存在着的平衡点可维持系统的平衡;反之,只要这个系统是平衡的,就存在平衡点。例如,盈亏平衡点是指全部销售收入等于全部成本时(销售收入线与总成本线的交点)的产量。以盈亏平衡点为界限,当销售收入大于盈亏平衡点时,企业盈利;反之,就出现亏损。平衡点的思维对透视企业盈亏很重要。

3.3.5 资金失衡与现金流量平衡赋能

资金来源与资金占用需要平衡,有多少投入的资金来源和借入的资金来源才是合适的?比率是多少呢?流动(短期)资产与流动(短期)负债需要平衡,有多少债务(包括短期负债和长期负债)才是合适的?比值多少为好?长期(非流动)资产与长期资金来源需要平衡,有多少长期负债和投入资本才是适宜的?比例多少为宜?债务的还款期与筹措还款资金的渠道及方式需要平衡,与资产的变现能力(变现周期)也需要平衡。如此等等,不胜枚举。

进一步观察资产负债表左右两方的排序结构并进行平衡分析后,就会发现:资产方分为流动资产和长期资产,其流动性表明资产价值实现或转移或摊销的时间长度,能否迅速变现和补偿其价值的风险由小到大;负债及所有者权益方分为短期融资和长期融资,其流动性表明融资清欠、退还或可用时间的长度,其到期能否及时偿债的风险由大到小。如果资产负债表两方的结构基本对称,则一方的较大风险恰好与另一方的较小风险中和,从而使总风险趋小。也就是说,企业偿债风险或财务风险能否降低,取决于资产风险能否消减。经营风险降低了,资产价值能够顺利实现补偿了,到期偿债就具备了相应的能力,财务风险也就可以化解了。如果融资结构本身不对称,财务风险就蕴含于收现期与支付期的不一致,也就是说,财务风险既存在于融资结构的运作中,也取决于资产经营的成效和顺利程度等。

融资一定是发展中企业的求财之道。但融资结构中各项目之间存在来源与占用的数量平衡关系,这种总量相等的平衡关系是以各构成项目的分量平衡为基础的。不同的融资结构有不同的财务风险。企业现有融资结构的状况以及对具有不同风险的融资种类的偏好,反映企业对融资风险的思维与态度,并形成不同的融资风险结构和类型。

一是保守型融资结构,即全部采用主权资本融资,或主要采用主权资本融资,即使有负债融资,也以长期负债融资为主,短期负债融资较少,即尽可能采用主权性融资和长期负债融资,其营运资金有相应稳定的来源。这是一种资本成本相对较高、风险性和收益性相对较低的资本结构。

二是中庸型融资结构,即主权性融资和负债融资的比重主要根据资金的用途来确定。通常,用于长期资产的资金由主权性融资和长期负债提供;用于流动资产的资金由流动负债提供。呈现这种融资结构的企业对各种融资具有稳健的态度,取中庸之道。

三是风险型融资结构,即主要采用负债融资,并且流动负债融资超出流动资产的部分被用于长期资产,这时营运资金可能短缺。风险型融资倾向于尽可能多采取短期负债融资,以降低资本成本。这是一种资本成本相对较低,风险性和收益性相对较高的融资结构。

四是危机型融资结构。亏损将部分所有者权益(净资产)吞噬,净资产的比重大幅度降低。如果亏损不仅吃掉了全部净资产,而且把部分债务吃掉了,就表明企业已经处于严重资不抵债的状态。许多陷入破产境地的企业的资产负债表就呈现这样糟糕的融资结构。

不同企业之所以对风险持有不同偏好,是因为企业对收益的期望程度不同。期望寻求高收益的企业往往会冒险去取得相应的风险收入;期望有稳定收益的企业往往不想冒太大的风险,当然也就难以得到相应的风险收入。风险与收益存在着某种均衡关系——高收益补偿高风险,高风险期望有高报酬。

企业改变融资结构的目的是调整所面临的财务风险,并使融资成本趋于合理。一般情况下,主权性融资的成本高于长期负债,而长期负债的成本高于流动负债。当企业经营不景气时,也可能出现负债成本高于主权性融资成本的情况。

从稳健平衡来看,保持融资结构的思维至少应当关注以下几个重要方面:

短期融资一般需要由流动资产来保证。流动资产能在很短的时间内实现、转移、摊销其价值,也就能满足短期融资的清欠和退还在时间上的要求。所以,企业可以用流动资产来保证短期融资,但一般不能用长期资产来作保证。

长期资产一般需要由长期融资来源作为支持。如果企业以短期融资来支持长期资产,就不断会有偿债压力,有可能到期不能偿债从而陷入财务困境。当然,企业可以用不断借新债还旧债的方法,以短期融资来支持长期资产,这时可获得低融资成本的好处,但一旦新债难以筹措,企业就将陷入财务困境。所以,在正常情况下,企业不会以短期融资来支持长期资产。

短期资产也可以由长期融资来支持。这是一种较为保险的方法,但其成本较高。这时企业一般不会面临偿债或流动性压力。从短期资产的占用来看,其中有一部分会被经常、持续地占用,从而具有长期资产的性质。只有临时波动的短期资产占用,才是一种纯粹的短期占用。为了保证这种经常、持续的占用所需资金的稳定性和安全性,企业有时不得不依靠一部分长期融资的支持。

长期债务一般不应超过营运资金。长期债务如果超过营运资金,营运资金就可能失去其来源。这是因为营运资金在量上等于流动资产减去流动负债后的余额,并且长期债务会随时间的延续不断转化为流动负债,需要动用流动资产来补偿。如果能保持长期债务不超过营运资金,就不会因为这种转化而造成流动资产小于流动负债,从而使长期债权人感到贷款有保障。

偿债能力是影响企业可持续性最重要的因素,是否具备足够的净现金流量以维持正常运营是重中之重。现金流转平衡的基础是收付实现制,要求在资金管理过程中做到现金收入(流入)与现金支出(流出)在数量上、时间上达到动态平衡,即现金流转平衡。流量平衡是资金收付分析的重点。如果现金流入量大于等于现金流出量,管理上称之为平衡,资金管理工作就有成效;如果出现支大于收,就会遇到现金流入与现金流出不平衡等窘困的情况。

3.4 系统平衡与智谋自衡

3.4.1 谋求平衡增长在于可持续发展

能量总是有限的,既不会凭空产生,也不会凭空消失,却会从一种形式转化为另一种形式。会计平衡在于某种能量的守恒,通过发现不平衡或能量失衡,谋求某种平衡下的可持续发展,是一种统筹兼顾的思维,即从全局出发,通盘筹划,照顾到各方面及其相互之间的关系。可持续的认知源于森林永续利用观念,并延伸至经济、社会和环境等领域,成为解决与经济发展相伴而生的社会问题和环境问题的思维范式及政策导向。可持续性思维是高质量发展的本质特征之一。

研究平衡增长的核心问题之一是寻求可持续增长率——在不发行新股、不改变经营效率(不改变营业净利率和资产周转率)和财务政策(不改变负债权益比和利润留存率)的情况下,销售所能达到的最大增长率。在考虑能否可持续的问题时,要善于平衡好募集资本、经营效率和财务政策的相关问题,这是一种动态平衡机制,是系统内部运行适应状态的结果,即系统的结构和功能处于相对稳定的状态。

谋求系统性的平衡增长很重要,尤其是如何按照可持续增长率制定销售目标,使企业合理地权衡增加收入与控制负债规模之间的关系。在可持续增长率的相关假设成立的条件下,有以下平衡(等于):销售增长率=资产增长率=负债增长率=所有者权益增长率=股利增长率(或留存收益增长率)。这其实是一种追求平衡增长的发展观。根据平衡分析原理,利用指标之间的数量关系来推算数据背后所呈现的对立统一,有助于发现经济运行规律。对可持续增长率的研究结论就是一组指标之间的平衡关系与协调理论。

平衡增长需要有一个平衡的系统,包括三个层次的平衡,从而形成一个相互联系、相互影响的统一体:一是系统与所在的环境保持平衡,这是系统求存的自然法则,体现系统与环境需要保持平衡和谐;二是系统与另一些相关联的系统保持平衡,体现系统与系统需要保持平衡和谐;三是系统内部结构保持平衡,系统结构的变化也是为了适应内外部环境的平衡和谐。

3.4.2 指标内在自谋平衡策略

资金来源会分布和占用在各种不同类型的资产上,会计的各种指标之间蕴含着某些平衡与否的要素。例如,企业能否有效利用资产,不仅反映企业的经营效率,而且体现企业资产运营的平衡能力。资产的运营效率越高,平衡能力就越强,平衡能力增强了,资产的运营效率就可以得到更大的提高。协调平衡是一种机制、一种能力。指标平衡涉及方方面面。例如,有些集团公司要求对外投资不能超过净资产的50%,对外投资的收益率不能低于资本成本率或平均负债利率,并要求投资报酬与所冒的风险均衡配比等。经验老到的经营者深知,对资产或资本运作的指标约束,实质上是一种平衡管理的艺术。

会计学家罗伯特·卡普兰(Robert S. Kaplan)曾经敏锐地察觉到会计领域存在着"相关性遗失"的缺憾,他创造的平衡计分卡在自求平衡方面相当典型。[①] 平衡计分理论认为,在工业时代,注重财务指标的管理方法是有效的。但在信息社会里,传统的业绩管理方法并不全面,企业应当从学习与成长、内部流程、顾客、财务四个方面获得持续发展的动力,从而保持以下五项平衡:

一是财务指标与非财务指标的平衡。目前企业考核的一般是财务指标,对非财务指标(客户、内部流程、学习与成长)的考核很少,即使有对非财务指标的考核,也只是定性说明,缺乏量化的考核,缺乏系统性和全面性。

二是长期目标与短期目标的平衡。平衡计分卡是一套战略执行的管理系统,战略是输入,财务是输出,长短期目标要相互衔接、协调一致。

三是结果性指标与动因性指标的平衡。平衡计分卡以有效完成战略为动因,以可衡量的指标为目标管理的结果,寻求结果性指标与动因性指标的平衡。

四是企业组织内部群体与外部群体的平衡。平衡计分卡中,股东与客户为外部群体,员工和业务流程是内部群体,平衡计分卡可以发挥在有效执行战略的过程中平衡这些群体之间的利益的重要作用。

---

① 托马斯·约翰逊,罗伯特·卡普兰.管理会计兴衰史——相关性的遗失[M].北京:清华大学出版社,2004.

五是领先指标与滞后指标的平衡。财务指标是滞后指标,只能反映企业上一年度发生的情况,不能告诉企业如何改善业绩和可持续发展。对客户、内部流程、学习与成长三个领先指标的关注,可以使企业实现领先指标与滞后指标的平衡。

上述指标共同构筑起一个完整的评价体系,使业绩评价趋于平衡和完善,有利于企业长期可持续发展。

3.4.3 预算控制中的自我平衡

预算就是以量化的方式表明的工作标准,控制则以确定的工作标准对行动予以度量并纠正偏差。预算管理就是过程控制,要求按照全面预算管理制度,明确各责任单位和岗位员工在预算管理中的职责权限,规范预算的编制、审定、下达和执行程序,强化预算约束。即使是管理者,也只能在预算的舞台上"跳舞"。企业应当以业务预算为基础,以财务预算为重点,以现金流控制为核心进行预算编制,并分季按月落实财务预算管理工作。预算约束是最好的管控过程,因为预算是一种均衡策略,其内在要求就是自我平衡。

预算控制是每个管理者的职能。无论是哪一层级的管理者,都不仅要对自己的工作负责,而且要对整个预算(计划)的实施与目标的实现负责,因为他们本人的工作是计划的一部分,员工的工作也是计划的一部分。控制无非是确立标准、衡量成效、纠正偏差等。各级管理者都必须承担预算控制这一重要职能的责任。判断预算合理与否的标准不是单纯的数字,而是控制的目标。

偏离预算可能存在风险。例如,销售预算是企业生产经营全面预算的起点,其目标通常被分解为多个层次的子目标,如果某个层次的销售目标严重偏离预算,就会导致整个企业经营失算。所以,预算及其执行过程应当强调自治,将预算变成自控自衡的一种自觉方式。

预算管理着眼大局,思考全面,注重过程,其核心是一种均衡管理,即利用有限的资源为实现预期目标而进行的协调活动,如外部资源与环境的平衡、内部目标与发展的平衡,企业产、供、销,人、财、物的平衡等。平衡管理是对企业在生产过程中一系列行为的协调,它对企业的稳定运营和健康发展有极为重要的意义。

强化预算有助于形成控制机制,但不能是机械的压制机制。投入为产出所必需,投入必须有产出。控制不一定都是强制性地控制偏差,也可以通过偏差分析来应对变化,学会适应,重新组织学习,产生新的"交互控制"。交互控制机制是一种重视未来和变化的系统,要求追踪不确定因素,使管理者时刻保持清醒,注重各种变化信息,使管控系统不仅遵循和服从既定的战略,而且关注和应对战略本身的不确定性,并发现新的战略机会。

3.4.4 "准平衡"思维与适度为宜策略

经济业务打破了简单的线性、均衡、还原等传统范式,会计对客观事物认知的再现也由线性转向非线性、由简单平衡转向非均衡、由简单还原转向整体结构等多维考量。维度的增减、量度的变化、角度的旋转等,使得复杂的系统思维成为会计学研究的新的重要领域。

月盈则亏,水满则溢,这是自然现象。在经营活动中,一些企业因为不顾"太强必折,太张必缺"的道理而遭受惨败;另一些企业单纯追求"规模大"和"成长快",导致营业收入增长→投资和应收款、存货增长→现金流出现缺口→债务增长(补充资金缺口)→资产负债率上升→财务危机。

事物的发展达到平衡临界点后就会走向不平衡,在接近平衡临界点又与平衡临界点保持适当空间时就形成"准平衡"。"准平衡"状态扩大了"平衡点"的区域范围。"准"在这里具有"相当"的意思。系统保持"准平衡"状态可能有利于维护系统与环境的平衡。

管理既然是平衡的艺术,就不是做数学题,而是要善于运用相关平衡思维,综合考量,动态均衡,适时调整。任何平衡都是有度的,可以是相等、恒等、均衡或准平衡。收大于支、债小于资等,就是一种"准平衡"的管控要求。"准平衡"是一种高级的理性思维,具有现实的指导意义。因为很多情况是以适度为佳、相当为宜的,即需要保持一定的"准平衡"状态。"准平衡"不求绝对平衡和十全十美,属于一种有利于平衡的不平衡。权衡就是要善于通权达变、相时而动、因地制宜,具体问题具体分析。

例如,资产负债率表明了企业资产总额中负债资金所占的比重,说明资产对债权人权益的保障程度,是评价企业负债水平和偿债能力的综合指标。企业应当自觉采纳资产负债约束管理体制,不同行业、不同类型的企业应实行分类管理与动态调整,保持资产大于负债的某种适度的"准平衡"状态。资产负债率在50%以下可能是保守的,保持在50%~65%是稳健的,65%~75%可能出现危机信号,75%~90%危险在放大,90%以上危害在增加,100%以上就是资不抵债了。

又如，负债程度的临界控制源于经验积累基础上的理性判断，并不意味着绝对不能超越，而要善于根据宏观经济环境和企业的实际财务状况加以综合判定、平衡掌控。当外部经济环境宽松、资金比较充裕且资金成本较低时，负债率可适当提高；反之，应当主动降低负债率，以有效应对财务风险。数智化扩大了"资产负债"的视野边界，有助于运用杠杆来加速企业的发展，但不能通过虚列数据资产来降低资产负债率，更不能造假，以致数据泡沫。切记：财务杠杆能让你变富，也能让你变"负"。

在安全边界内，对推高资产负债率的关键性指标实施边界风险管控，努力平衡好效率与风险之间的关系，助力企业可持续发展。例如，从短期看，应重点控制"两金占比"[①]并进行平衡测算，确定指标边界值，通过监控应收账款和存货资金占用，不断盘活存量资产，这是优化资产负债率最基本的途径；从长期看，控制资本性支出规模应重点关注投资总额、资本金比率，通过合理控制资本性支出规模，注重提高资本性支出项目的资本金比例，并注重投资收益的现金流量，从而控制好债务融资的规模与水平。

3.4.5 独特的思维方式与特别的会计原则

稻盛和夫不是会计出身，却从会计入手抓经营管理，并形成自己独特的思维方式与会计原则。京瓷规模尚小时，稻盛和夫就要求各个部门都做月度结算。不论在公司还是出差，稻盛和夫都在第一时间审阅各部门的详细资料。看到某部门销售、费用的具体内容，就像看故事一样明白了该部门的实况，脑海中浮现该部门负责人的样貌。

会计不能失衡。对于会计问题，要回归事物的本质进行思考。只要有疑问，稻盛和夫就马上要求会计人员做出详细说明。作为经营者，应当从"正确的经营应该是怎样"的立场出发，对会计发表看法。

稻盛和夫虽然不是会计专家，但作为经营者，他在日常的经营中意识到会计的重要性，在不断学习的同时，在经营实践中运用自己的方式确立了会计的原理原则。京瓷在五十多年的经营中，没有一年亏损，能够持续快速发展的原因是其有一套正确的会计原则，并在经营中贯彻实行。

---

① 应收账款占比＝应收账款÷流动资产×100%，存货占比＝存货÷流动资产×100%。"两金占比"过快增长将沉淀大量资金，极大地影响企业的运行效率，加大运行风险。

第一,现金本位经营原则。经营的基础,归根结底是手头的现金,不是会计报表上有利润就可以安心。经营企业必须经常考虑"赚到的钱去了哪里",要增加手头的现金。努力坚持以现金为基础的经营,手头就会有充足的资金,就能让企业保持稳定,当新的商机眷顾时,就能果断出手,占据优势地位,推进新业务的开展。

第二,一一对应原则。票据随物品和现金一起流动,物品流与金钱流要一对一处理,这看似单纯,但对保证企业健康运行具有重大意义。从最高领导到底层员工,所有人均无例外,彻底遵守一一对应原则,就能将企业内部的舞弊杜绝在萌芽状态,还能提高员工的道德水准,增加员工对企业的信任度。

第三,肌肉型经营原则。企业的发展必须能够长期持续。经营者必须塑造一家没有赘肉的、肌肉紧实的企业。所谓"肌肉",指的是人、物、钱等能够产生销售额和利润的企业资产。不能产生销售额和利润的多余资产,如卖不掉的库存、过剩的设备,就是"赘肉"。彻底剥离这些多余的、无用的资产,最大限度地发挥有效资产的作用,就能塑造长期持续发展的"肌肉"型企业。

第四,完美主义原则。不管是研发还是生产现场,一点点差错就可能导致失败和不良品的产生。为此,一定要摒弃模棱两可和妥协凑合,面对任何工作都要追求完美。

第五,双重确认原则。所有票据处理、进出款项处理都由两个以上的人来做。贯彻双重确认原则不仅是发现和防止差错的有效手段,而且可以塑造珍惜人的职场环境。人有脆弱的一面,偶然的一念之差就会犯下错误。注意到人心脆弱的一面,为了保护员工,所有会计处理都要有多人进行。

第六,提高核算原则。为了提高核算效益,京瓷在创立后不久就采用了叫作"阿米巴经营"的小组织独立核算制度。随着企业的急速成长,京瓷将逐渐肥大化的组织划分成小的单元,这样就能够以各个小组织为主体开展事业。这种"阿米巴经营"和"京瓷会计学"恰如一辆自行车的两个轮子,成为京瓷经营管理体系的根本。员工们也能切实掌握自己所在部门的经营目标和完成情况,明确地理解为了提高核算效益,自己现在必须干什么。

第七,玻璃般透明的经营原则。现在订单有多少,与计划相比差多少,产生了多少利润,利润是怎么使用的……有关企业的处境,不仅要让管理者知道,而且要让基层员工一目了然。开展如玻璃般透明的经营,有利于构建企业与员工之间的信任关系。

3.4.6 智谋自衡与自律性机制

经济生态的良性运作有赖于会计生态的良性平衡。能够有效配置资源和均衡各方利益需要会计智能。市场经济之所以是一只"看不见的手",是因为其能够遵循市场经济规律,在资源配置中起到平衡、指挥等作用。透视这只"看不见的手",未来会计可以发现市场经济周而复始的运行规则以及彼此制衡的配置关系等,通过建立起一个平衡系统,采用科学系统的平衡思维与方式方法,从制衡机制走向自衡机制,从自然走向自觉。

平衡思维源自科学稳健的结构性思考和谨小慎微的工作态度,并在实践中提升认知,提高自觉,与时俱进。管理的关键在于控制,控制的关键在于自控,自觉自律是指有意识地控制自己,有原则地对待事物,能主动掌握自己的心理和行为是启动自控机制的不竭动力。在从"平衡思维"走向"制衡思维"再迈向"自衡思维"的过程中,会计思维在觉醒,平衡的运行机制不断完善,如此有助于形成"自律性机制"和"自控型组织"(如图3.1所示)。

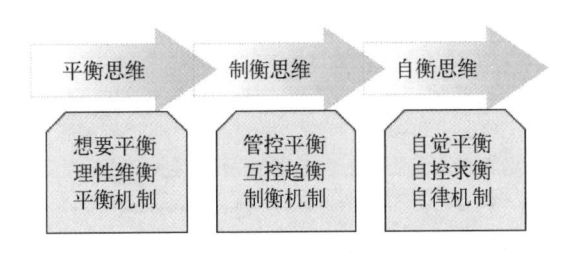

图 3.1 不断提升平衡的自觉自律程度

理想的自我平衡是系统内部结构的自觉平衡,形成自适应机制,体现自控求衡与自律机制的内在要求,包括能够自动披露不平衡的情况,主动解析不平衡的原因,积极提出解决问题的办法,善于选择最佳的路径与方法,并督促落实解决方案等。哪里不平衡,哪里就有自我平衡的自适应机制发挥调节作用。

善于平衡、勇于自衡是一种制约机制。各级管理者都不能存有破坏平衡的"小算盘",而要创造条件促进平衡。小事见格局,细节看人品。没有格局的人,目之所及皆是个人得失。习惯于投机取巧的结果是让预算落空从而影响大局。只有戒掉这些低层次的"小聪明",才能走得更稳更远。

精于均衡,并能在自我平衡中创新平衡,这是对管理会计人才的呼唤。在宏观上,通过平衡顺应规律,有所为而有所不为,既考虑眼前也思考未来,不被功名所迷,不被得失所扰,平衡出良好的管理心态与发展前景。在微观上,保持各种心态平衡与预算平衡,从不平衡走向平衡是一种自觉自律的修为。在自衡中制衡,在制衡中自立、自强,就能坚持走均衡发展的路径。

智能自衡是达成高质量会计目标的一种高级功能需求,既需要数字化与智能技术的深度融合,更需要复合型人才不断的磨合与平衡。经济业务越来越复杂,只有熟悉本企业及其相关方面的情况,才能制订切合实际、具有平衡思维的智能化方案,防止与企业经营成为"两张皮",造成资源浪费和管理失败。会计智能化要"建",更要"用"。设计的信息系统,如果不适应企业实际情况,不会平衡各方利害关系,就可能成为摆设,甚至带来负面效应。

第 4 章

合规思维＋智能监督

4.1 从遵规守矩说起

4.1.1 规行矩步与抗压精神

懂规矩、明事理、能自洽的人才心安理得。会计人员在长期遵规守矩的行为习惯中，已经养成了各司其职、各负其责的工作态度。对会计人员来说，这既是保护自身的明智选择，也是依法理财的"尚方宝剑"，所以应把遵规守矩作为立身处世之本，内化于心、外化于行。

会计工作单调、枯燥，经年累月与数字打交道，又以"管家"自居，久而久之，既有严谨、细致的美誉，又给人留下不善交际、不懂变通的印象。做好会计工作不容易，既不能止步不前，也不能莽撞妄为；过度呆板不可能是出色的会计，油滑世故肯定不是称职的会计。

细察会计人员的思维与行为，存在以下几种情形，有的是历史原因，有的是习惯养成，有的是性格使然，有的是压力所致。

理直气壮型：办事有原则，做事挺认真，报销有根有据，复核有板有眼。其态度是庄重严肃的，其语气是郑重其事的。在是非面前旗帜鲜明，在对错之间立场坚定。心正念正，念正行正，行正事正，但不够灵活。

内向保守型：习惯于坐办公室，看制度条款，斯文内敛，不愿对条款做理解性的解释，只想减少麻烦。如果拘泥于旧准则，不敢稍做变通，就有墨守成规、故步自封的嫌疑。

消极应对型：有的未充分理解制度规定，不用心钻研，却用制度吓唬人或应付人;有的喜欢临时"抱佛脚",打听别人怎么做的,于是依葫芦画瓢,照本宣科。

现实的压力会使会计人员左右为难。明明你是对的,但别人并不理解你,为什么？因为别人更在乎现实所得。例如在某次分析会上,会计人员通过分析将某项投资失败的责任引申到老板的决策过程,老板恼怒地离开了会场,最后这个会计人员离职了。会计想牵着企业的鼻子往前走,但不被老板接受,这是一种"双输"的败局。

会计人员的苦楚心知肚明：独立思考,吃压力的苦;忍耐克制,吃自律的苦;照章办事,吃寂寞的苦;点头哈腰,吃尊严的苦……由此会造成心理矛盾和生存困惑。能否妥善处理遵章守纪所带来的方方面面的问题,考验着会计人员的思维能力和处事能力。

会计人员所承受的压力是复合的、多方位的,如果没有积极的心态与相应的能力,就难以胜任这份工作。尤其在合规管控方面,既要忠诚担当,又要团结互助;既要坚持原则,又要灵活应变;既要洁身自好,又不"明哲保身"……复杂的会计环境特别需要会计人员的理性思维。会计人员的成熟与其承受的委屈相关,会计人员的心胸也许就是被委屈撑大的。

会计人员是有抗压精神的。2022年,大约1/6的上市公司有财务高管离职。在2020—2022年这三年里,有财务高管离职的公司占上市公司的比例逐步降低,分别为17%、16.9%、15.7%,这可能与上市公司财务高管职业风险的逐步释放有关,也可能与经济大势下财务高管找"下家"越来越难有关。从2022年的审计意见类型和当年的财务高管离职率来看,两者是有关联的。2020—2022年,被出具无保留审计意见的公司的财务高管的离职率较低,审计意见是保留意见的公司的财务高管的离职率则相对较高。[①]

4.1.2 遵规守矩的思维根深蒂固

心中有尺,行事有度,这种遵规守矩的会计思维是内在的,根深蒂固的。西周就设立司会一职对财务收支活动进行"月计岁会",又设司书、职内、职岁和职币四职分理会计业务,其中司书掌管会计账簿,职内掌管财务收入账户,职岁掌管财务支出账户,职币掌管财务结余,并建立了定期会计报表制度、专仓出纳制度、财物稽核制度等。战国的《法经》和秦代的《效律》等都包含会计规范方面的

---

① 尹成彦.2022年有约六分之一上市公司的财务高管离职[EB/OL].(2023-01-29)[2024-02-22].https://shuo.news.esnai.com/article/202301/237754.shtml.

内容。

做账有根有据，就能够证明经济业务的发生或完成，并历经经办、审核与批准等程序，这是会计人员的职业习惯。会计与钱财打交道，对数字敏感，还敏感于数字背后的人与物、人与人之间的关系及其经济实质。会计对数字负责，对诚信担责，既要善于自控，又要能够控他或互控，还要将权力装进制度管束的笼子，这就与核算权、审核权、监督权密切相关。

会计规矩大多是实践经验的提炼、理性认知的产物、抽象思维的结果和约定俗成的总结，许多规则还来自管理当局的管理理念与管控思维，想要什么、想怎么管控，就会有怎样的规范与要求。管理层具有合规思维，能够知法、懂法、执法、守法很重要，这是我在对几十家单位进行内部控制制度设计的过程中的深刻感触。会计的合规思维对管理层和企业制度建设影响深远，因为内部控制的核心依据之一就是各种会计规矩。规矩是高压线，有规矩才会有秩序、有效率、有效益。纵容不守规矩的人是管理混乱的根源。

各种规矩（尤其是法规政策）与会计业务紧密相关，与会计责任唇齿相依。会计合规思维的焦点之一就是会计应当承担怎样的法律责任、有些什么法律后果，这既是会计的法律地位所导致的，也是其法定职责所赋予的。根据他山咨询的统计，证监会及其派出机构于2023年做出的信息披露违法违规处罚决定案例中，有79家公司共106名财务人员受到行政处罚，16名财务人员被市场禁入。财务负责人属于企业的高级管理人员[①]，负责对企业的会计活动进行管理和监督，如果违反法律规定，且给企业造成损失，就应当承担相关责任。

举例来说，关于股东出资问题，属于资本管理的范畴，是新《公司法》的核心内容之一。在公司成立后，股东出资即转化为公司财产，股东享有公司的股权。股东抽逃出资的行为，是将其向公司缴纳的出资全部或者部分抽走，实际是对公司资产的侵害，也是对资本维持原则的破坏。抽逃出资行为具有隐蔽性、复杂性、模糊性等特点，其行径包括制作虚假会计报表以虚增利润进行分配，通过虚构债权债务关系将其出资转出，利用关联交易将其出资转出，其他未经法定程序将其出资抽回的行为。股东抽逃出资等行为，除了造成资本不实外，给会

[①] 2023年12月29日新修订的《中华人民共和国公司法》（简称新《公司法》）第二百六十五条第一款规定，高级管理人员是指公司的经理、副经理、财务负责人、上市公司董事会秘书和公司章程规定的其他人员。

计造成的麻烦就是资产负债率居高不下，会计靠借钱还钱过紧日子，进而"迫使"会计造假，去蒙骗银行以取得贷款。会计对经济业务的处理，哪怕是一笔会计分录，也是举足轻重的。对抽逃出资，有的会计处理是在"其他应收款"下挂股东的名字，有的甚至伪造户名。不同的做法透露出不同的行为动机，将承担不同的后果。新《公司法》第四十九条和第五十三条规定，股东应当按期足额缴纳公司章程规定的各自所认缴的出资额。公司成立后，股东不得抽逃出资。违反前款规定的，股东应当返还抽逃的出资；给公司造成损失的，负有责任的董事、监事、高级管理人员应当与该股东承担连带赔偿责任。

新《公司法》对公司的法律关系，尤其是股东和"董监高"的权利、义务、责任体系做了重大调整，包括全面压实股东责任、切实提高"董监高"履职要求、全面维护中小股东权益、全面保护债权人利益、有效限制股东期限利益等。其中，对财务负责人的职责、权利、义务等方面都进行了重大修订和补充，使得财务负责人在公司运营中扮演的角色更加重要。尤其是要求公司必须维持资本充足，否则将面临严重的法律责任，这就要求财务负责人必须更加关注公司的资本充足状况，采取有效措施加强资本管控，也给会计工作撑了腰。

4.1.3 合规管理的要求越来越高

合规是安全之本，违规是危险之源。会计是个高危职业，一些会计人员被假账困扰，一些会计人员害怕假账败露，会在焦虑、恐惧、内疚中煎熬，即使离职了，也因为风险未解除而长期无法回归正常心境。会计错弊还可能影响企业、客户、供应商、税务局、银行等多层利益相关者，严重的可能引致牢狱之灾。不敢出错与不能出错的压力让会计人员格外谨慎小心。

如何将外在的制度转化为内在的遵从？合规管理很重要，这是企业切实有效防范风险的关键所在，是确保良性循环、稳健发展的迫切需要，是一件必须要做并且一定要做好的事。按照国务院国有资产监督管理委员会令第42号公布的《中央企业合规管理办法》，要求将合规要求嵌入经营管理各领域各环节，贯穿决策、执行、监督全过程，落实到各部门、各单位和全体员工，实现多方联动、上下贯通，包括强调党的领导地位，明确第一责任人制度，设立首席合规官和合规管理部门，强调合规建设应建立健全违规举报机制、违规行为追责问责机制、违规行为记录制度等，并运用信息化手段将合规要求嵌入业务流程，实现对重点领域、关键节点的实时动态监测，实现合规风险即时预警、快速处置。合规管理做得好，会计压力就会小。

会计人员要把事情做对做好，就离不开通过会计规则或规矩来提高职业化、专业化、规范化的管理水平。会计规则或规矩是行动的指南，因而是具体的、明确的，不能停留在文字或口头，而要落实到行动与措施，并转化为内在需要，这就有了做人做事的底线和原则。所以一定要加强会计合规管理，开展包括建立合规制度、完善运行机制、培育合规文化、强化监督问责等有组织、有计划的管理活动。

遵守税收法律的禁止性条款是会计的底线。在税收法规日益复杂化的环境里，从会计队伍中延伸出相对独立的税务会计人员。税务会计是一门新的交叉学科，它以税收法律制度为准绳，运用会计学的原理和方法，对纳税人应纳税款的形成、申报、缴纳进行反映和监督。

在法律事务不断增多的大环境下，会计队伍中又诞生出一个新的品种——法务会计，它是由法务会计人员依据相关法律规定，综合运用会计、审计及法律等多学科交叉知识和专业技能，对经济纠纷及欺诈行为等进行调查、审核、估算、分析和鉴定等，据以提出法律鉴定或为法庭审理作证的特定专业服务活动。

经济发展离不开法治护航。在未来的发展中，企业合规师成为不可或缺的重要岗位。企业合规师是指从事企业合规建设、管理和监督工作，使企业及企业内部成员的行为符合法律法规、监管要求、行业规定和道德规范的人员，其于2021年3月进入《中华人民共和国职业分类大典》[①]。企业合规师主要针对从事会计、审计、税务、金融等相关职业，担任企事业单位会计主管及经理、审计主管及经理、财务主管及经理、税务主管及经理、法务主管及经理、风控主管及经理等岗位的专业管理人员，以及这些岗位的总监及以上的高层管理者。

4.2 合规思维与规则引擎

4.2.1 合规思维是会计职业判断的基石

合规思维是多元的，其"规"至少可概括为三个方面：法律之"规"（法律制度规范）是基础，内部之"规"（行业标准与企业内部规范）是关键，道德之"规"（诚

[①] 2021年3月18日，人力资源和社会保障部会同国家市场监督管理总局、国家统计局向社会正式发布了企业合规师等18个新职业信息。

信道德规范)是升华。会计认知正确与否有赖于合规思维的职业判断,即在会计准则、相关规定和职业道德要求的框架下,综合运用相关知识、技能和经验,做出适合具体情况、有根有据的判断。会计思维的重要价值特征就在于正确而有效的会计职业判断,因为这种判断是一种求解性思维或决断性思维,具有一定的专业难度与高度,从而成为科学核算与有效监督的认知基础。判断就是做选择、做决策,本质是为了应对风险(或不确定性),其贯穿会计业务的全过程,是会计专业胜任能力的核心。

合规思维是会计职业判断的基石。例如,选用不同的方法对会计资料进行加工处理会得出不同的结果,但哪一种方法能使结果更接近客观实际,就与会计人员的职业判断水准及其专业胜任能力休戚相关。尤其是在选择会计政策和进行会计估计的过程中,面临着可靠性与相关性、稳定性与适用性、利益驱动与公允公正等观念和立场的矛盾冲突与利害权衡,会计职业判断过程就是一种比较、权衡、取舍的艰难过程。所以,认知水平高的人不急着下结论,而是先进行调查研究,只有经过了解和分析,才能够得出更准确的结论。"让子弹飞一会儿",既是难得的冷静与思考,也有助于降低会计职业判断的差错率。

会计思维大多建立在会计职业判断的基础上,是会计人员依据自己的专业技术素养,对具体的业务做出判断的思维能力的体现。在某些特定条件下,是否选择某项会计原则,选择的"度"有多大,如何正确处理多个原则与方法的优先使用顺序,怎样实现不同原则之间的最佳组合等,确实有赖于会计人员的理性思维与职业判断。例如,对未来事项是否发生及未来事项的发生时间和影响予以估计并入账的常见项目有坏账、或有损失、固定资产折旧年限与净残值、无形资产、待摊费用的摊销期限等,这些项目需要会计人员在合理预测和逻辑推理的基础上加以确认、计量。会计人员要优异、会计工作要优秀,就需要有很强的会计逻辑与职业判断能力。要做到客观、公允,不仅需要会计人员运用自身掌握的专业理论知识,而且需要对会计目标的深刻理解以及对会计环境的敏锐感知,这就要求会计人员必须不断增强职业判断意识,不断提高职业判断的思维能力。

基于合规性思维的会计职业判断是将法律法规与准则规则作为判断是非和处理事务的准绳,这就要求会计活动崇尚法治、尊重法律,善于运用法律手段来解决问题和推进工作。通过会计思维法治化,将有助于形成办事依法、遇事找法、解决问题用法、化解矛盾靠法的良好法治环境,在法治轨道上推进各项会计活动。

合规思维是一种求是(证)思维,即寻找证据或求得证实,以便按照事物的实际情况进行会计处理。"思维如是",就应该是这样的。"是,直也。"(《说文解字》)本义为正,不偏斜,引申出正确之义。

合规思维是一种"应当"思维。应当就是应该担当、应事得当,作为法律术语时系"必须"之意。会计履职在表述义务性规范时,其法律用词大多是"应当",是一种强制性的规定,而不是"可以"。"可以"被理解为可为或可不为,是一种授权性的规定,是可选择的,如《中华人民共和国会计法》规定:单位负责人应当保证财务会计报告真实、完整。"不得"是应当予以禁止的内容,具有抑制行为的强制性,如《中华人民共和国会计法》规定:任何单位不得以虚假的经济业务事项或者资料进行会计核算。任何单位和个人不得伪造、变造会计凭证、会计账簿及其他会计资料,不得提供虚假的财务会计报告。

刚性思维主张对人的行为和组织的目标实施强行的制度约束,柔性思维具有一定的弹性或灵活性,以便应对更为复杂多样的业务场景。不少管理者希望会计具有弹性。事实上,会计控制活动也在寻求"硬性的规定"与"软性的文化"之间的平衡,所以很难做——难在需要进行会计职业判断并处理好刚柔相济的关系。比如,记账应有原始凭证佐证,这是刚性要求,但实际操作中的"替票"现象使会计人员左右为难。"替票"是替代发票的简称,指当有一些业务或事项无法取得合法合规的发票时,采取用其他票据,或实际发生 A 费用却用 B 费用的凭据替代的费用列支(报销)方式。"替票"解决了没有发票的业务难题,入账似乎有了依据,但可能扭曲业务的实质,不能反映费用的真实情况,还存在逃税的嫌疑。有些企业对此类报销主动做出应纳税所得额的调整。

既要有"红灯思维",也要有"绿灯思维"。红灯亮,不得走,关键词是"不得",衍生出不可以、不接受等。面对违法乱纪的行为,"红灯思维"是必需的,但久而久之会衍生出一种"习惯性防卫",面对别人的意见和想法,第一反应就是拒绝和反驳,这是不应该的。绿灯亮,可以走,关键词是"可以",衍生出可倾听、可接纳等。善用"绿灯思维",面对不同的观点时,就会以开放的心态去思考别人的观点,把它们作为衡量是非、判断对错的机会,这也是职业判断的内容之一。

4.2.2　规则引擎与会计规则数据化

会计的合规思维不仅复合多元,而且是立体的、系统的、稳健的,会考虑方方面面的诉求。一项经济业务本身就会涉及很多方面,且相关政策规定不断修订,浩如烟海的规章制度对细节和精度的要求极高,不仅要求会计人员本身不能出错,而且要求会计人员向相关人员解释清楚,使得会计人员在压力之下有如履薄冰之感。

业务系统也经常有大量的业务规则配置,包括预算管理的要求、作业计划的管制、技术标准的指引、考核指标的约束、经济责任的制衡等,且随着决策的变化,业务规则也会发生变更。为了适应诸如此类的诸多需求,有些企业的做法是将业务标准、管理规则、会计规范、法律规定等规范化要求集合起来,开发成规则引擎,并认真理解和比对相关负面清单的规定,避免相关风险。这种引擎(包括正向推理和逆向推理等)是根据已有的事实,在规则知识库中匹配并处理存在冲突的事项,最后筛选出符合规则的事项。规则引擎具有一定的选择判断性,是人工智能研究领域的一个组成部分。

例如,对数据资源如何入账等相关问题,既可以进行会计职业的人工判断,也可以借助规则引擎,通过接受数据输入,比对相关规则,解释有关内容,做出相关决策等,其至少包括:① 识别与确认数据资产。数据资产不是凭空产生的,而是企业、个人等主体在参与社会经济活动过程中,付出相应劳动、资本、技术,通过生产、加工等行为所获得的资产和财富,应当按照会计规范核查数据资源是否符合资产的定义和资产的确认条件,包括判断是否很可能享有数据带来的预期经济利益,以及应用或利用数据资源是否具有经济可行性等。② 审查权属相关问题。是所有权还是使用权或经营权?能否合法拥有或控制?是否以排他的方式合法地控制数据资源?明确的权属关系为市场参与者提供了清晰的权益框架,这不仅有助于减少权属纠纷,而且能增强参与者对数字资产的信任度和参与积极性。③ 确认价值计量与核算方法。数据资产是存储在网络世界数据库中的,其数量应当是可以精确计算的。如果没有交换价值和使用价值,不能带来经济利益,就不能确认为数据资产。对数据资产目前一律采用成本计量,初始计量和后续计量均不得以估值方式得出的金额直接作为入账和调账的依据。④ 通盘考虑损益与税务等相关问题。⑤ 关注企业决策层的管理思维及其对报表结构和未来经济利益的考量等。

甲科技公司聚焦数字经济技术,利用其掌握的一系列数据资源和人工智能技术,提供了智能工厂建设、城市数据建设等整体方案和相关服务。202×年×月末,经过一系列判断与规则引擎等认定程序,对该公司已经拥有数据加工使用权和数据产品经营权,但还不符合无形资产确认条件的数据资源,获取的服务收入将在营业收入中体现,其相关支出做费用化处理,列入营业成本或期间费用,没有作为无形资产入表。对其中符合会计、法律等规范条件的数据资源确认无形资产,价值为600万元,作为资本化支出,从研发费用归集的账户中转出,并按照预计使用寿命(5年)以直线摊销法摊销。无形资产净残值为0,当月计提摊销费用10万元,详见表4.1和表4.2,并计算比较部分主要财务指标如表4.3所示。

表 4.1　　　　　　　202×年×月31日简化资产负债表　　　　　　单位:万元

项　　目	入　表　前	入　表　后	差异比较
货币资金	1 000	1 000	—
应收账款	2 000	2 000	—
存货	1 000	1 000	—
流动资产合计	4 000	4 000	—
固定资产	6 000	6 000	—
无形资产		590	590
非流动资产合计	6 000	6 590	590
资产总额合计	10 000	10 590	590
应付账款	1 500	1 500	—
长期借款	4 700	4 700	—
负债合计	6 200	6 200	—
实收资本	3 300	3 300	—
未分配利润	500	1 090	590
所有者权益合计	3 800	4 390	590
负债及所有者权益合计	10 000	10 590	590

表 4.2　　　　　　　　　　202×年×月简化利润表　　　　　　　　单位：万元

项　目	入表前	入表后	差异比较
营业收入	20 000	20 000	—
营业成本	15 000	15 000	—
研发费用	1 000	400	－600
期间费用	3 500	3 510	10
利润总额	500	1 090	590
净利润	500	1 090	590

表 4.3　　　　　　　　　　　部分主要财务指标比较

项　目	入表前	入表后	差异比较
资产负债率	62.00%	58.53%	－3.47%
营业净利润	2.50%	5.45%	2.95%
权益净利润	13.16%	24.83%	11.67%
资产净利润	5.00%	10.29%	5.29%

对比入表前和入表后对无形资产 600 万元的会计处理（如暂不考虑相关税费），由于无形资产净增加 590 万元（入账价值 600－摊销额 10），引起总资产、净利润和未分配利润相应增加，并导致主要财务指标"一降三升"，即资产负债率下降，营业净利率、权益净利率和资产净利率增加，这是当期会计报表所呈现的"好事"。但放眼 5 年，这样的"好事"是由于研发费用资本化"被提前"所引发的，在其他条件不变的情况下，这 600 万元无形资产的价值在 5 年的费用与利润之间只是此增彼减而已。如果考虑企业所得税，则还存在提前纳税的问题；当然，属于高新技术可以免税或抵税则另当别论。再分析现金流量，由于上述业务只是会计的转账业务，并不会引起现金流量的增减变动，因此不影响现金净流量，也不影响流动资产周转速度，但影响了总资产周转速度。由此可见，入表前和入表后不同的会计处理，对当期损益、当期资产、资产负债率和相关财务

指标都会产生不同程度的影响，且内在关联。管理当局对此应当瞻前顾后，通盘考虑，综合平衡。

合规思维应当符合逻辑，遵循同一律、不矛盾律、排中律、充足理由律等逻辑规则，并体现在会计行为中。A 就是 A，不能既是 A 又不是 A，不能偷梁换柱、移花接木、以假乱真。逻辑是一种基础认知工具，教人如何正确地思考和表达。缺少逻辑常识，人就容易沦为被愚弄的对象而不自知。说话没逻辑，难以有效传递自己的想法；做事没逻辑，就无法真正解决问题。普及逻辑常识是造就良性社会并形成良知的必要前提。

以联系的、发展的、全面的眼光辩证地解析问题，对驾驭复杂局面、处理复杂问题很有帮助。运用普遍联系的观点考察思维对象，有助于从空间上观察横向联系；运用辩证的发展观考察思维对象，有助于从时间上观察过去、现在和将来的纵向发展过程；运用全面的观点考察思维对象，有助于从整体上做出多方面、多角度的系统性观察。

会计工作的严谨、周密、有逻辑，是千百年来逐渐养成的。会计规则的数字化，要求将适用于会计活动的各种规则和标准以数字化形式进入规范库，以形成规则引擎，进行实时管理，并在数字化平台上实现规则的自动执行，包括将业务语言转换成会计语言，达成审批流程的数字化处理和审核过程的自动化等，从而减少人为因素对会计工作的干扰，提高行为的规范性和一致性，提升管理的效率和效果。会计转型应当掌握好会计规则的数字化思维及其精髓，理解其运作成功与否的关键之一在于能否确保行为合规。

加强信息化、数字化合规管控，规范、要求、措施等既要及时嵌入业务系统，又要嵌入各种数智化模型与程序，通过"双嵌入"，切实提高系统自动识别并终止越权、逾矩等违规行为的能力；同时，积极探索利用人工智能、大数据等新技术，实现经营管理预测、决策和执行的全程控制、自动预警、跟踪评价等在线监管，推动内部控制活动既"人防人控"，又"技防技控"，向监控智能化转型。

4.2.3 合规管理标准与评价认证

会计思维中的"对"与"不对"是有标准且多维的，会计实务通常是这样考虑的：其一，是否符合公认的法理或认知常识，尤其是相关会计规范的要求；其二，是否符合实际情况，有没有原始证据支撑；其三，是否符合领导的"意图"，要不要遵从领导的指示，这是现实问题；其四，是否符合自己的思维，审视内心的声音,这是主观能动的,也是极为关键的。

用对的方式做对的事情,这是绝大多数会计人员对自己的忠告。不管遇到什么问题或有什么障碍,能够用"对"的思维要求自己总是对的。比如,某笔费用能不能报销,某类业务如何入账,既无法回避,也不能模棱两可。会计思维具有很强的现实针对性、业务操作性和行为经常性,对"对与不对"的发问,既是会计人员在扪心自问(向内发问),也是会计人员在履行管控职能(向外发问),从而反映会计合规的思维重点。从这个角度来看,会计是最讲规矩的。通过发问可以转变思维,进而影响行动和结果。

评价合规与否是促进合规管理的有效思维。2022 年 5 月 23 日,中国中小企业协会发布的《中小企业合规管理体系有效性评价》(T/CASMES19－2022),是我国首部关于中小企业合规管理体系有效性评价的团体标准,是中小企业合规建设领域的一项创新性举措。该标准规定了四大基本的有效性评价内容,包括合规管理机构设置和职责配置、合规风险识别、合规风险应对和持续改进、合规文化建设。其有效性评价流程一般包括评价准备、评价实施和评价报告三个阶段。在评价过程中,评价小组应当与企业主要负责人就重大问题及重要评价结论进行沟通,核实关键问题。评价报告至少包括七大内容:评价活动的组织者和评价小组的相关信息;合规企业的基本信息;评价目的、范围和依据;评价的程序和方法;评价所依据的信息及其来源;评价结论;合规管理问题和改进建议。

2022 年 10 月 12 日,国家市场监督管理总局和国家标准化管理委员会发布《合规管理体系要求及使用指南》(GB/T35770－2022)。该标准规定了组织建立、开发、实施、评价、维护和改进合规管理体系的要求,包括合规义务的识别与维护,合规风险的识别、分析和评价,职责与权限的分配,合规团队建设,合规风险的应对,合规目标和实施策划,支持过程,运行过程,绩效评价等,从而为我国企业及其他组织建设和认证合规管理体系提供了行为标准与基本遵循,使企业合规管理跨入可认证时代。

4.3 底线思维与职业良知

4.3.1 底线思维与边界认知

底线思维越来越重要。例如:买卖生意,童叟无欺;著书立说,言之有据;做人做事,不卖朋友;当官为民,不丧天良……这些都是社会生活的基本(根本)保障,是不能再退的最后防线。

只有数据安全才能释放数据价值,这是数据流通增值的必要保障;而数据安全需要筑牢数字底座,合规将成为安全保障的底线。合规管理的难点在于底线思维。合规的底线和其他底线是不一样的。比如,风险管理的底线是风险偏好;但合规的底线是法律法规规定好的,既不能突破,也不能用偏好来抵触。法律上的禁止性条款都是"底线",规定了哪些能做,哪些不能做,可以使会计人员直观地知晓自身的行为准则与行为目标。"底线"是禁区,未经许可,不得进入;如果违反,行为人将遭受惩戒。没底线的人什么都敢干:无中生有的宣传敢吹,指鹿为马的大话敢说,弄虚作假的报告敢出……

各行各业各领域都有底线。在会计行业,与如实反映相对应的底线是"不做假账",这是会计人员应当自觉遵守的行为准则。会计行业的底线思维绝大多数来自法律法规中禁止性条款的具体规定,所以,会计人员学法、知法、执法的自觉性就特别重要,合规意识得特别强。

"三重底线"是指经济底线、环境底线和社会底线,是企业必须履行的最基本的经济责任、环境责任和社会责任所倡导的底线思维。如果企业只关心利润,对人类福祉和地球保护关注不够,这种做法就既不合乎伦理规范,也不利于企业的可持续发展。"三重底线"理论认为,只有通过同时创造经济价值、社会价值和环境价值的方式为社会进步做出贡献的企业,才是可持续发展的企业。

底线思维指引会计人员认真计算风险,估计可能出现的最坏情况,并接受这种情况。凡事从坏处准备,努力争取最好的结果,这样才能有备无患、把握主动权。尤其在变幻无常的年代,一方面要敢于面对现实,接受最差的情况,并认清底线的位置;另一方面要克服恐惧心理,摆脱焦虑,看到事物的远景,明白什么才是真正重要的,对下一步的行动做到心中有数,对各种替换方案和解决办法保持开放的心态。

任何事情都有边界。优秀的会计人员都有边界思维,懂得在边界之内做事。不做不对的事比做对的事更重要。据说股神沃伦·巴菲特(Warren E. Buffett)有一条重要的投资原则,就是首先要清楚自己的能力边界。人的能力都是有边界的。你的能力边界在哪儿,你成功的地盘就能圈到哪儿。在追求利益最大化时,更要有边界思维。能走多远,不是看你做了什么,而是看你没有去做什么。有了边界思维,在边界之内做正确的事,正确地做事,才能事半功倍。

4.3.2 会计职业良知与道德操守

只有刚性的制度是不够的,因为合规风险无处不在,而且很多是来源于内部的操作风险或道德风险。有些角落与缝隙是制度体系的触角难以触及的,这就需要倡导会计职业良知与道德操守。制度的刚性辅佐合规理念或合规文化的柔性,可以让制度的藩篱扎得更加坚实。

职业良知具有职业特性,是指从业人员领悟了社会对自己的要求,因而具有为社会尽具体义务的明确意识,这是从业人员对职业责任的自觉意识。

会计职业良知是以《会计人员职业道德规范》[①]为基础,在会计人员履职过程中对会计实践经过反思而做出判断后的认知。"坚持诚信,守法奉公"是对会计人员的自律要求;"坚持准则,守责敬业"是对会计人员的履职要求;"坚持学习,守正创新"是对会计人员的发展要求。坚持"三坚三守",既是会计人员安身立命之本,又是会计人员为人处事之基,更是会计人员尽职守责之魂,在会计行为发生之前、之中、之后具有重要的引导或指导作用。在会计行为发生前,会计良知对行为动机进行自省,经过是非曲直的思想较量,确立正确的行为动机。在会计行为进行中,会计良知对行为本身进行检查,经过扬善抑恶的行为选择,使行为朝着正确的方向发展。在会计行为发生后,会计良知对行为动机进行反思,经过取长补短的自我评价,对职业行为起到监督检查的作用。

会计职业良知的形成是一个不断经受各类问题考验后,情感理性内化并形成稳定心理结构的艰辛过程。在这期间,自觉践行是核心,教育认知是手段,长效机制是保证。会计职业良知既体现于会计群体的普遍"共知",又体现于会计个体的自觉"自知",无论是"共知"还是"自知",都必须在会计实践中得到彰显才有意义和价值,才具有很好的引导或指导作用。

会计职业良知与职业信仰相关。会计职业良知是一种信念,是一种道德守衡,也是一种价值取向。会计职业良知并不是先天存在的,需要依靠后天养成,在不断学习和工作实践中历练,最终生成对会计诚信的忠诚和对客观公正的信仰。也就是说,会计职业良知能够唤起会计人员内心的自觉,确立追求崇高的会计职业道德的主体意识。只有强化会计职业良知的基本素质,才能维护会计

---

① 《会计人员职业道德规范》(财会〔2023〕1 号)是我国制定的全国性会计人员职业道德规范。它只有 240 个字,却文短意深,涵盖会计人员自律、履职和发展三个维度,包含了公德、法规、责任、能力等职业道德要求,并且在定位上突出了"坚"与"守"两个关键行为,凸显了会计职业道德的自我约束性。

驱邪守正的理念与价值取向。

会计职业良知与职业责任相关,所以需要深化职业认知,凝聚职业认同,增强规则意识,落实职业责任。会计的"知责之心"至少包含两层含义:一是会计的职责,二是会计人员的责任心。要通过学习不断提高自己的会计知识和技能,将职业责任内化为会计的自觉意识,外化为会计的自觉行为,促进会计人员领悟会计真谛,提高思想境界。会计职业良知能够从内在支配会计人员的行为选择,抑制或否定违背道德要求或者违背职业责任的动机,做出符合道德规范要求的正确行为。

会计职业良知与职业自律相关。职业纪律要求会计人员在职业范围内必须遵守秩序、制度及规则,保持廉洁,并在此基础上恪尽职守,严以律己,履行好自己的职责。坚持职业自律是会计良知最重要的功能,也是会计良知价值的重要标准,对于规范会计职业行为具有重要作用。经过道德原则规范,从他律转向自律的过程中,敬畏纪律并自觉遵纪守法是会计人员应普遍具有的思想境界。对职业良知的培养与实现,就是一个接受他律并经过内在思维不断调整以达到自律的过程。良知意识的觉醒必将带动会计人员素质的整体提高。

在物欲横流的当下,善良的本性与想法也许正在遭遇前所未有的挑战:各种利益诱惑的挑战,太多歪门邪道的挑战,肆意流行的市侩哲理的挑战……以致一个"实惠"的借口就会让身处复杂环境中的人取利舍义,那片原属于良知的心田就黯然褪色了。

一个不知底线、不守底线的人肯定是缺乏良知的。良知是一种道德化的思维意识,对人的行为具有一定的控制和调节作用,所以,全社会都要倡导人有良知。不仅如此,随着信息化、智能化的发展,未来的机器人也需要守底线、有良知,能够弃恶从善、择优从良,这是个大问题,不能马虎。

我在撰写内部控制教材和讲授该课程的二十多年中,阅读过不少会计职务侵占案例:某外资银行中国公司财务总监5年时间里虚构业务,以支付软件开发维护费用等名义,通过4家外部公司走账,侵占银行资金约6 000万元;某电子信息科技公司财务人员以"蚂蚁搬家"的方式3年内挪走公司7 000万元;某热电公司出纳人员在8年内挪用公司近亿元出境赌博;某经济发展公司出纳人员10年内贪污及挪用公款1.69亿元用于买名车、包养情人、嫖娼等;某拉面公司前首席财务官7年内擅改180张公司支票,盗取约2 600万港币……类似案件不一而足,其共同特征就是会计人员利用职务上的便利,将本单位财物非法据为己有,且数额较大。有知识、懂专业,却没良知、无底线,专业知识被精心利用后,人就会变得像魔鬼一样疯狂。我们永远不可低估钱财的诱惑力,对钱财的控制永远重要,尤其是对手中握有财权的人,其一旦丧失良知就会失控,更要高度警觉,严加管控。

4.3.3 知行知止与数据智能警示

如果思想上没防线、心里头没底线、行为中没红线,就会我行我素、胆大妄为。所以要知道什么事不可干,什么人不可交,什么地方不可去,这是防线;还要知道做人做事的边界在哪里,出界就会出局,这是底线;更要明白政策法规的红线是什么,踩红线意味着什么。只有筑牢思想防线,守住做人底线,不踩法规红线,才不会被"设局"、被"下套"。所以,防线、底线、红线是守护前程的"生命线"。

人要知行知止,方能行稳致远。你看"企"字为上下结构:上人下止,提醒人们要知止。存戒惧、守底线,方有定力。定力强,能自觉用法律法规约束自己,规范言行,才能成为懂规守矩的好会计。能力是干事的基础,决定"能做什么";动力是干事的条件,决定"想做什么";定力是干事的保证,决定"敢或不敢做什么"。三者皆备护佑你"做成什么"。有能力没动力,能力打折扣;有能力和动力而没定力,前功尽弃。"三足鼎立",方能站得稳,干得好,走得远。能够挡得住诱惑、耐得住寂寞,不被糊弄、不被捧杀,全靠定力。

目前,人工智能还很难像人类一样感受喜怒哀乐,不能如会计思维一般具有职业判断、伦理道德和哲学思辨等。然而有的人却懒得思考,或顺从大流,或让机器代替大脑思考。过度依赖人工智能可能加速理性认知消解的势头,这时候机器如果出现固执的"偏见"、过程的"黑箱"、"智能"的造假怎么办?当人工智能产生"幻觉","一本正经地胡说八道"时,人们该如何应对?当人工智能缺乏人类智慧所特有的价值判断,难以解决好公平、正义、伦理、良知等问题而被别有用心之徒利用时就需要有担当的人来做出正确的选择、有效的监管。会计行业应有足够的准备才行。人工智能虽威力巨大,但还是要以人为本,掌控在人的手中。人决不能成为机器的奴隶——只有操作行为,缺乏独立思维;只受机器指令支配,不受自身思想支配。

随着人工智能的迅猛发展,诈骗团伙的诈骗手段越来越科技化,竟然用上了AI换脸技术。2023年4月20日中午,郭先生的好友突然通过微信视频联系他,说自己的朋友在外地竞标,需要430万元保证金。基于对好友的信任,加上已经视频聊天核实了身份,郭先生没有核实钱款是否到账,就分两笔把430万元转到了好友的银行卡上。后郭先生拨打好友电话,才知道被骗。骗子通过AI换脸和拟声技术,佯装好友对他实施了诈骗。幸运的是,接到报警后,包头市公安局电信网络犯罪侦查局立即启动"包头市警银联动绿色查询机制",当班民警以最快速度完成核查、报审程序,第一时间将涉案银行卡的信息通报至蒙商银行相关部门。在银行的全力协助下,仅用10分钟,就将该诈骗账户内的336.84万元被骗资金成功拦截。[1]

有知识,有良知,是天使;有知识,无良知,是魔鬼。我们必须推进技术与智能的道德化,将正确的思维方法和道德伦理嵌入技术与智能的全过程,使之真正服务于"人",在智能进化中体现"人"的主体性地位,为此更需要思维正确来指导认知,走上正轨。

我们还应将数据智能警示机制嵌入业务流程的各个环节,打造事前、事中、事后全过程的风险管控体系,包括红线预警机制、底线触发反弹机制、数据权限隔离机制、大额资金支付校验机制、疑似重复支付校验机制、财务指标危机预警提示等,通过发生时预警、过程中拦截、有问题退回、事后跟踪检查等措施,促使行为者知耻能止。

4.4　德法相济与智能监督

4.4.1　失控导致舞弊和管理失败

17世纪人们对控制的认识只是由登记者之外的人对账册进行检查、核对,体现对会计账目和会计岗位的分离与牵制。之后,会计控制随着经济的发展越来越重要,在内部控制系统中逐渐居于核心地位。一方面,绝大部分舞弊盯着钱财;另一方面,会计控制正是监控钱财这个要害。内部控制发展历程的一条主线就是确保钱财与相关信息的真实、可靠。

各种会计失控所导致的舞弊现象犹如海平面上的冰山,更大的危险却隐藏在海平面以下。实证分析表明,动机、压力、机会往往会使个人放弃诚信。动机可能来自获取潜在经济回报或职业发展,压力可能来自上级指令或个人困境,

---

[1]　10分钟被骗430万!AI诈骗正在全国爆发[EB/OL].(2023-05-23)[2024-02-26].https://www.163.com/dy/article/I5ELR6UB0511A72B.html.

机会可能来自获得财富或发展的可能性等。面对诸如此类的情形时，人很容易为自己道德水准的降低找理由。见利忘义之徒就会利用职务之便谋取私利，触犯法律法规。

动机产生行为，行为导致结果。舞弊者总有目的，也总有借口，如挪用公款"只是借而不是偷，我会还的"。各种"合理化解释"为舞弊者制造了行为的借口，各种"机会"（如松懈的控制和信息不对称等）又掩盖了舞弊的过程。

会计舞弊是行为人以获取不正当利益为目的，在会计工作中有计划、有针对性和有目的违法乱纪，导致会计失真或失控的行为。由于会计舞弊是故意的、有目的的、有预谋的、有针对性的造假和欺诈行为，因此其可能在许多方面表现出迹象，如会计人员频繁离职、变更会计师事务所、企业内部控制制度不完善、关联交易频繁、管理层经常发生变动或抛售其所持有的股票等，这些异常或失控的征兆一般可以从管理层面、关系层面、组织结构、行业层面以及财务结果等方面加以识别。

产生会计舞弊的原因是多方面的：内部控制制度不健全造成会计信息舞弊的发生；会计信息不对称为经营者实施并掩饰会计舞弊提供了便利条件；法律制度不完善使会计舞弊者有机可乘；社会监督缺乏有效性导致会计舞弊不断发生；等等。管理舞弊与会计失控可以说是共生现象，已经成为失控的重灾区和世界性的难题，也是风险管理的难点或关注点。

失控导致舞弊，舞弊导致管理失败，这是目前各单位所面临的最大风险。内部控制经历了内部牵制制度、内部控制制度（制度二分法）、内部控制结构（结构三分法）、内部控制框架（要素五分法）、风险管理与内部控制（要素八分法）等阶段。在这一发展过程中，人们越来越清楚地认识到，市场经济越发展，经济环境越复杂，内部控制越重要，而会计控制对防范风险与控制舞弊的作用更为显著。所以，对会计控制与风险管理的研究始终是全球"风控"的重点对象和主要内容。

舞弊会愈演愈烈吗？美国注册舞弊审查师协会（ACFE）发布的《2022年全球职务舞弊调查报告》表明，包含政府和企业等组织，每年的舞弊损失占到收入的5%，居高不下；超36亿美元的总损失中，损失平均数有18%的上升，舞弊损失的影响在扩大；近一半的职务舞弊来自以下4个部门：运营部门占15%，财务部门占12%，执行官或高层管理者占11%，销售部门占11%。将近一半舞弊案件的发生是由于以下两种情形：29%是由于缺乏内部控制，20%是由于现有控制被凌驾。

在过往的舞弊案例中,鲜有舞弊人员在东窗事发前主动停手,他们一方面要依赖舞弊维持其既有地位、生活水平和不良嗜好,另一方面会拆东补西,采取手段掩盖其舞弊行为。绝大多数情况是舞弊愈演愈烈,金额从小到大,当被发现时为时已晚。所以,应当善于识别舞弊动机,评估舞弊风险,建立对应的控制机制,以减少舞弊发生的机会。尤其是针对发生舞弊行为的高风险区域,如财务报告虚假、管理层越权以及信息系统技术领域,应建立必要的内部控制措施,从源头防范舞弊风险。

4.4.2 尊德守法与法德相济

厚德载物、明德弘道,是中华精神文明的追求。"德"在古文里,右上方是一条直线,右下方是一只眼睛,左边表示走路,后来又加上一颗"心",表示目正、行正、心正。《说文解字》以为:"德,升也。从彳,悳(dé)声。""悳",从直从心,直亦声。"德"的古今字形演变摘要如图 4.1 所示。

图 4.1 "德"的古今字形演变

古字的"法"写作"灋",字形由"氵(水)""廌(zhì)""去"三部分组成:"水"以示法度公平如水;"廌"就是獬豸,传说中的一种神兽,其刚正不阿;"去"就是去除邪恶。法的公平正义性对会计工作影响深远,其古今字形演变摘要如图 4.2 所示。

图 4.2 "法"的古今字形演变

无论是遵守会计规范,还是遵从职业良知,都来自尊德守法的理性思维。德与法都是约束机制。德是内部的约束机制,法是外部的约束机制,两者都用以规范人的行动。在法治环境下,人们只要守法,就能最大限度地保证平等与公平，这是法治的本质要求。现代法律是高度制度化的，具有确定性、可预测性和程序性特征，体现理性化与科学化的实践要求。法制健全之时，道德蔚然成风。道德是"天"，法律是"地"。人应当尊德守法，顶天立地。道德是人们心中的法律，法律是成文的道德。法德相济，齐管共治，就能营造圆融的成熟生态。

4.4.3 智能化监督与多元化共治

能如实反映的会计才有生命力，能有效监督的会计才有精气神。会计如果只核算，不监督，就是失职；只有既核算，又监督，才算履职。核算和监督是一个互动的过程，信息需要通过会计的记录来体现，以数字的形式表现出来；会计的记录也需要通过监督行为来验证、保证和不断完善。脱离核算，监督变成无本之木、无源之水；没有监督，核算将沦为数字计量的工具，甚至无法验证会计记录的正确性和可靠性。

华为财经体系的职能被设计为三大块：会计核算（账务）、财经管理和审计监控（内审）。只有同时保障账务和内审的数据是足够准确的，财经管理的决策才值得信任。会计核算和审计监控就像是江河两侧的堤坝，只有"堤坝"足够坚固，财经管理职能作用才能从容有效地发挥。

监督的本意就是通过监视、督促来达成预定的目标。古文"监"字像人俯身低头向盘中水面照看状。甲骨文中，左边是一个人在睁大眼睛往下看（臣，竖目），右边是一个器皿。金文在器皿中加一小横，表示器中有水。古人以水为镜，从器皿的水中照看自己的面影，用意深邃。"监"的古今字形演变摘要如图4.3所示。

图 4.3 "监"的古今字形演变

会计监督应当转向数智化、常态化、长效化，从"有形覆盖"到"有效覆盖"，将合规管理、法务自律、内部控制、风险管理、审计监督整合成一种包括以下几个主要方面的运行机制：

一是转向监督活动自动化。利用人工智能技术来自动识别异常情况很重要，包括实现监督流程自动化，减少人工干预，提高监督效率和准确性等。以对账工作为例，过去为核查企业财务记录与实际交易情况是否相符，会计人员需定期向银行、供应商、客户等往来方获取对账单并人工逐笔对账；在机器人流程自动化技术加持下，可实施银行账户数字化、可视化管理，并利用对账机器人自动完成交易的核查并生成对账报告以及汇总的余额调节表，节约了相关检查工作的人力投入。

二是转向监督活动实时化。传统监督以专项的、非连续性的事后检查为主，存在滞后性问题，难以及时对风险事件起到事前预防和事中预警效果。在数智化时代，通过完善人机协同的智能审核模式，监督活动可以向业务活动全过程主动监管转变，依靠信息系统、移动互联、人工智能等技术成果，开展对业务活动的全天候跟踪和动态监管，包括及时发布政策文件，解释清楚底线、红线、临界线等敏感问题；将审批审核流程、管控标准与规则等控制要素嵌入会计系统，做到操作行为全程留痕可追溯；及时识别违规风险并提示或通报，通过遇红警示、临界提醒、触底反弹等应激反应机制，充分发挥会计监督的实时预警作用。

三是转向监督活动数字化。基于大数据技术，快速获取数据，对数据进行多维度、多层次的分析，发现潜在问题线索，提升监督的深度和广度。借助数字技术优势建立基础数据库，促使企业相关信息与财政、税务、国资、金融市场等衔接，为协同开展内外部监督工作提供数据支持，进一步帮助企业提前预测、感知并应对潜在风险，将数据思维和方法深度融入监督的全过程。

四是转向监督活动渗透化。会计监督与业务活动、会计核算是相辅相成、多面一体的。在智能化指引下，会计监督应当渗透业务活动和会计核算，一体发展、协同共进。从生成财务信息的角度看，财务报表是全体员工"做"出来的，是管理人员"管"出来的，是财务人员"算"出来的，也是审计人员"审"出来的。无论是企业管理，会计工作，还是审计实践，都离不开计算、审核与管理（简称"算管审"）。能够将三者有机联系起来并协同运作的有效工具之一就是"算""管""审"融合。"算"中有"审"的意识和"管"的理念，"管"中有"算"的量化和"审"的净化，"审"中有"算"的解析和"管"的思维，促进"算""管""审"有机结合、融会贯通。

五是转向监督活动系统化。系统思维在监督系统的健全过程中相当重要。首先，在指导思想上要坚持从严把关与高效监督，将合规管理思维投射到各级机构、各管理层级，并转化为合规管理的系统性能力，提升整体风险管理水平；其次，应当健全具有完整性的法规信息库，并予以分类、细化、具体化和数字化，运用信息比对和数字赋能等，以适应不同对象的合理需求；最后，通过闭环式监督思路，构建起事前防范、事中拦截、事后监管相结合的全链路系统化风险监管机制，起到明底线、守红线、知敬畏、有警示、受警醒的积极作用。

事前防范的重点在于精准捕捉风险信号，包括能够甄别违规交易行为和管理动作，自动发现违规的蛛丝马迹，主动解析违规事项的成因，积极提出解决问题的办法等。尤其在实施决策、安排预算、考虑计划时要有底线思维，事前把好政策关，决不冲撞底线。一旦发现冲撞底线的情况，就应当发出预警信号。例如，加强大额资金支付监管，从资金支付额度、支付频次、支付依据等方面研究设置控制参数，对短期内向同一账户多次或单笔支付大额资金、预算外支出、超出预付信用敞口限额支付预付款等异常情形，通过线上信息系统推送或线下报送等方式及时预警风险，消除资金风险隐患。

事中拦截的重点在于有效阻断合规风险事故，包括主动发出警示信号，主动采取措施进行干预，防止产生实质性风险事件并阻断风险传导的路径。尤其在资金合规方面，要细化资金内部控制预警触发条件，将触发条件的标准、缺陷认定的标准等内部控制要求嵌入信息系统，设置异常预警条件，强化资金全流程预警监控，促进资金管理活动可控制、可追溯、可检查。

事后监管的重点在于围堵管理漏洞，包括整合多元化的管理工具，增加合规管理输出信息的维度，深层次挖掘各种违规事项特征，准确定位违规高发地带，快速响应违规处置，并督促落实合规问题的解决方案等。尤其要借助数字化分析手段，更精准地识别财务报表和会计数据中的异常表现，帮助判断存在错报或舞弊风险的可能性，不断提升对会计信息质量的监管精确性。

监督本身也会遇到新问题，需要不断更新思维、增智赋能。通过多元化监督，有助于把会计监督寓于会计核算和会计服务中，推动日常监督和专项监督，现场监督和非现场监督，线上监督和线下监督，事前、事中、事后监督相结合，努力实现监督与管理的有机统一。这样的会计活动就会得到包括单位领导在内的大多数人的理解和支持，监督活动就能顺利进行。

第 5 章

谨慎思维＋智控风险

5.1 从厌恶风险说起

5.1.1 厌恶风险与确定性思维

据说,"风险"一词与渔民出海捕鱼的思维相关。以打鱼捕捞为生的渔民深切体会到"风"给出海捕捞带来的无法确知的"险"。渔民必须把准航向、迎风战浪,才能平安归来。风险至少有三种注解:一是将风险定义为不确定性,二是将风险解释为潜在损失,三是将风险视为对目标实现产生负面影响的因素。对风险的担忧和对确定性的追求始终伴随着人类社会的演进。

不确定性是指事先不能准确知道某个事件或某种决策的结果。如果可以通过测算知晓其发生概率的,就被称为风险。风险是指某一事件的发生存在两种或两种以上的可能,是不确定性的具象。风险通常由风险因素、风险事故和风险损失构成,风险因素引起或增加风险事故,风险事故的发生和演变可能造成损失。

风险是多元的、多变的、多发的。会计人员虽然正视风险,但并不喜欢风险,犹如讨厌亏损一般。风险厌恶者,在成本与收益的权衡中,倾向于做出低风险的选择。

会计人员求稳怕乱,青睐比较确定的行为,对结果不那么确定的行为总有些顾虑。会计思维偏向于确定性,否则如何确切地记账、算账、报账,如何取信于人?确定程度越高,安全感就越强。当人们确知已在不确定的环境中,并想方设法使之处于某种确定性中时,是理智能干的表现。

理解和认知风险运行规律,是化解风险的逻辑起点。在会计人员的眼中,确定的 1 元钱通常就是其货币面值;有风险的 1 元钱也许不是其货币面值,存在一定程度的或有情形;不确定的 1 元钱,可能存在,也可能不存在,如何入账很成问题。对不确定性的理解与信息约束和认知相关,会计的艰巨任务之一就是面对风险,采用相应的对策和计量方法等以减少焦虑感,找回安全感。或者说,会计思维的智慧就在于通过分析与评估风险的变动性,找出确定性因素,使之相对确定起来。

判断一件事情值不值得做、能不能做,要观察其确定性程度。在风险社会中,最稀缺的能力是找到适合自身发展的确定性,包括寻找确定性的能力、提供确定性的能力、沟通确定性信息的能力等。数智化转型的本质从某种意义上来说,就是以数据+算法的智能化来解决复杂系统的不确定性,通过优化资源配置效率来降低风险,取得竞争优势。

从风险、风险经济到风险社会,会计人员在风险与收益、短期与长期、有所为与有所不为等方面,只有坚持做正确的事情,并努力防控风险才行。会计人员不只是信息的记录者,也是风险共担、价值共创的合作者。在所有业务部门中,会计部门是规避风险的主要责任人和内部控制的领航人。从这些维度来看,会计职业不仅有未来,而且越来越重要。风险管理应当与业务活动、信息化管理结合起来,从企业整体利益出发,进行跨部门协同;风险管控的目标并不是一味地将风险降至零,而是根据风险偏好将风险控制在可接受的范围内。从不确定,到放心不下,再到积极应对,会计人员的谨慎性与责任感油然而生。

5.1.2 高水平安全与高质量发展

安全与便利是一对矛盾。危险降临前,谁会真的给予足够重视?有些人明知吸烟导致肺癌的概率较高,但难下决心戒烟,更何况有时候得到便利和承受风险的可能是不同的人群。

安全是发展的基础,需要统筹好安全与发展,包括数据资产安全、个人信息保护与数据资产开发利用之间的关系等。《中国政企机构数据安全风险分析报告(2022)》显示,数据泄露风险正在加大。2021 年全球数据安全大事件中涉及数据泄露的占总量的 41.2%,2022 年该占比攀升至 51.7%。滴滴全球股份有限公司违反网络安全法、数据安全法、个人信息保护法,于 2022 年 7 月 21 日被国家互联网信息办公室罚款人民币 80.26 亿元,对该公司董事长兼 CEO 程维、总裁柳青各处人民币100万元罚款。① 伴随智能化的迅猛发展，风险也在变异和升级，给安全性带来新挑战，从而成为业界乃至社会大众的关注点，也应当成为内部控制与风险管控的着力点。一些地方还推出"首席数据官"作为数据统筹管理者、数据价值发掘者和数据安全守护者。

数据安全是指采取必要措施，确保数据持续得到有效保护和合法利用，达成硬件可控、软件可控、环境可控。企业应当按照数据分级分类标准确定核心数据、重要数据和一般数据。对核心数据应当建立保护机制，通过专用服务器或设置内部专门空间存储，使用加密虚拟专用网络等技术手段传输，对其存储、读取、转移建立授权和记录机制并保证有效运行；对重要数据应当制定和执行规范的处理流程，将其存放于与互联网逻辑隔离的信息系统中，并严格控制接触人员范围；对一般数据应当采取基于用户角色的授权访问控制，并且按照最小权限原则授权。

设计会计软件应当保证会计数据合法、真实、准确、完整，既有利于提高会计工作效率，又能准确、完整、有效读取电子凭证中的会计数据，真实、直观、安全呈现电子凭证所承载的各种信息。会计软件运行与业务处理应当安全可靠，应采取安全认证、电子签名、数字加密和可信存证等技术手段，防止非授权访问，以避免会计数据在生成、传输、存储等环节的泄露、篡改及损毁风险。会计信息系统应当设定经办、审核、审批等必要的审签程序。系统自动执行的业务流程与业务规则应当可查询、可校验、可追溯。

高质量发展和高水平安全应当良性互动，以高质量发展促进高水平安全，以高水平安全保障高质量发展，即发展和安全要动态平衡、相得益彰。在数字化转型过程中，应当突出数据安全管理，量身定制符合企业特点的可靠、可信、可执行的数据安全管理办法，建立健全全流程的数据安全管理体系，并开展自上而下、全员参与的数据安全管理制度培训；还要建立数据安全管理责任体系，明确分层级的数据安全管理责任主体，落实数据安全管理责任，包括数据收集、整理、使用、交易过程的合理合法。此外，应建立数据安全重大突发事件的处理办法，突出数据安全问题的应对措施；定期开展数据安全风险检查和评估，建立管理台账，定期上报部门风险评估报告；等等。

---

① 国家互联网信息办公室对滴滴全球股份有限公司依法作出网络安全审查相关行政处罚的决定[EB/OL].(2022-07-28)[2024-02-26]. https://www.tjcac.gov.cn/wlaq/zljg/202207/t20220728_5944655.html.

5.1.3 风险控制的智能自动化

能谨慎，有责任，就会增强"免疫力"，提高警觉性，主动化解风险。例如，将数字技术与谨慎思维结合起来作用于资金管理等各项活动，不仅能改善用户体验、提高效率，而且有助于减少直接接触、管控风险、减少危害等；反之，即使"安全"的岗位也会出现险情。

会计控制的数字化，就是将适用于控制活动的各种措施和程序以数字化形式进行管理，并在数字化平台上达成控制活动的自动化执行，既减少人为因素的干扰，又提高操作的规范性和一致性。会计数字化转型应当掌握好会计风险控制的思维及其实质，理解其控制成功与否的重点在于能否谨慎思维，是否将风险控制在可承受的范围内。

中国宝武钢铁集团有限公司（以下简称"中国宝武"）充分利用司库信息系统与其他信息系统互联互通形成的数据资源，构建起"3391"司库体系建设框架，即围绕防控风险、提升效率、创造价值三大建设目标，依托组织管理、流程管理、制度管理三大管理保障，重点推进货币资金管理、流动性管理、短期资金运作、融资管理、供应链金融管理、营运资金管理、金融衍生业务管理、合作银行管理、资产负债率管理九大管理职能建设，并基于效率导向、管控导向、精益导向、价值导向，建成"智能友好、穿透可视、功能强大、安全可靠"的信息化、数字化司库平台，涵盖基础服务、应用拓展、数据仓库、决策支持等多维度服务功能，形成对资金等金融资源的实时监控和统筹调度，实现看得到、管得住、调得动、用得好。

中国宝武本着"走向业务、走向数字、走向全球"的愿景，充分利用大数据等先进技术，实现资金可视、可控、可调、可溯。① 可视：实现全景可视化智能决策。构建账户、票据、投融资等全生命周期系统，资金、结算等要素管理台账系统等，形成闭环管理，实现账户、资金、结算、票据、投融资、资金计划等业务流程、交易动态实时可视。依托境内、境外直连银行的财企互联通道，实现企业银行账户、资金流动、结算信息、票据流转等信息动态集中和穿透监测。推动数据赋能，实现可视化分析，通过数据可视化，提供对集团内部现金、票据、外汇等货币资金，以及营运资金等层面的全面可视，并提供各中心、子公司、资产关系、管理关系及银行、币种等多种分析维度，挖掘资金数据的价值，实现资金管理信息的实时全景展示，防范资金结算风险。② 可控：通过构建资金要素风险预警、智能风险监控及管理、风险持续跟踪监督等事前、事中、事后全流程风险管控机制,实现实时追踪、分析、监测和预警等资金风险控制功能。③ 可调:建立多层级、多形式的资金管控模式。资本运作层根据集团整体资金管理要求和子公司的实际情况,设计相应的资金管控策略,确保资金使用的效率和效益,以及资金的流动性安全;资产运营层建立合适的资金管控手段,提高资金集中度,完善内部资金融通及流动性均衡;生产经营层充分考虑企业特性,从多方面进行设计,采取合理的资金管控手段。④ 可溯:全流程追踪款项动态。应用大数据等信息技术,对资金业务进行全周期监控,记录每笔资金的来源及去向,实时监控和在线巡检各级单位的银行账户、收支流水、付款订单等,筑牢资金安全防线,全面强化资金安全管控,达成"智识、智鉴、智联、智效",即智能获取源头信息,实现可视可用;智能鉴别风险信息,实现可管可控;智能联动职能部门,实现交叉协作;智能运用数字化理念,实现管理支撑。①

5.2 谨慎思维与特别较真

5.2.1 谨慎小心与备份思路

做事与成事都要谨慎小心。人成熟与否的标志之一是能否管好自己的嘴。藏不住话、说不合时宜的话、背后议论人、炫耀自己,总是令人厌恶的。谨慎的原意就是指对外界事物或自己的言行密切注意,以免发生不利或不幸的事情,从而减少不确定因素的影响。谨,慎也。慎字左边为竖心旁,提醒人们为人要小心;右边一个"真",告诫人们处事要认真。

会计人员每天与资金收支打交道,容不得半点马虎。比如,我认识的一个出纳人员,只要离开办公室,就会主动去摇一摇保险箱的门配,尽管门是关着的;他人要输密码,就自觉背过身去回避;给别人递剪刀、铅笔等物件时,把尖的一头握在手中……会计人员担忧"千里之堤,毁于蚁穴",谨小慎微是长期养成的稳健心态与思维素养。

前文论述的如实思维、平衡思维、合规思维等都与谨慎思维内在关联。会计思维是一个系统,因为谨慎,所以要突出如实反映,要讲求平衡对应,要严格遵规守矩,并对稳健理财、稳健发展举双手赞成。会计人员喜欢质疑、主动求

---

① 何宇城,聂志权,何萍,何旻明,周炜旻,范永兴.中国宝武数字化司库体系建设实践[J].冶金财会,2023(7).

证、习惯比对等,都与谨慎思维相关。

谨慎思维导致稳健处事的态度。企业的生产经营活动总是面临许多风险,如应收款项的可收回性、固定资产的使用年限、无形资产的使用寿命、售出存货可能发生的退货或者返修等。在面临不确定性因素的情况下做出职业判断时,按照谨慎性要求,会计不应高估资产或者收益、低估负债或者费用。

会计人员的安全意识来自谨慎的合规思维,而非侥幸心理,这样才能在执规守矩中少出错或不出错,才能防止误入违规的"雷池"、跌入诱惑的"陷阱"、滑入犯罪的"深渊"。会计人员非常注重细节,能主动发现风险问题,并采用切实有效的措施予以应对,千方百计减少不确定因素。例如,会计上之所以配置总账、明细账、日记账、备查账,除了对会计信息具有总体统驭、明细分类、逐日序时、管理备查的作用外,还有多方印证等思维在其中。

有备份思路的人,凡事都有多手准备。学习用左手剪指甲,因为你的右手未必永远管用。人人都希望岁月静好,可现实往往是大江奔流。可怕的不是突然的变故,而是遭遇变故后连选择的余地都没有。多一份备份,就多一种可能。会计工作很注重归档整理,以备查考。

建立电子会计资料的备份制度,是保证会计资料安全的基本要求。电子资料相对纸面资料有更多灭失风险。在会计资料打印输出的情况下,纸面资料与电子资料实际形成相互备份关系。一旦不打印了,对电子资料的备份要求就应当增强。有效的备份制度还有助于防止篡改。

5.2.2 谨慎从事与责任意识

会计的记录不仅面对现在,而且面向未来,所以要留印、有痕,经得起日后的审核与时间的考验。

为了减少或避免出错,会计人员不喜欢模糊地带,做账也不能模棱两可,出纳、记账、复核、主管各自都应有明确的、不可推卸的且细致周到的岗位职责。如果找不到对应的责任人,就说明职责不够明确。如果只核算、不监督,或者重核算、轻监督,就是会计责任没有到位。会计核算是会计监督的基础,会计监督是会计核算的保证,两者只有结合起来发挥作用,才能正确、及时、完整地反映经济活动。

会计人员大多敬业爱岗,认真做事,一边履责、一边问责,且将问责贯穿履责的全过程。事前问责是提醒,事中问责是督促,事后问责是诫勉。自觉的责任意识导向增强了会计人员的责任心、培养了会计人员的责任感。

我还记得四十多年前接任会计主管时的情景。移交工作时,师傅(原会计主管)将账册、报表、印鉴章一一点数,慎重交到我手上,还语重心长地说:"你要管好自己,管好同事,管好整个工厂的财务收支。"他对工作一丝不苟,他写的字像习字帖那样一笔一画、端正工整。在会计摘要栏内,相关要素齐全;在数字栏中,数字不连笔;不仅数字排列整齐,而且数字之间的空隙均匀。十几年如一日,师傅从不马虎,在所有"审核人"的地方都认认真真签上自己的名字,以示责任。如今我在写下这段文字的时候,眼前还会闪现那秀美的字样和整齐的账本,那是会计人员谨慎思维、认真负责的生动写照。用一丝不苟、谨言慎行、专心致志来形容会计人员是恰如其分的。

责任意识在于明白什么是具体责任,并自觉认真地履行自身职责,是能把责任转化到行动中去的心理特征。"时时放心不下"的谨慎态度是干好会计工作的重要前提,是一种自觉意识,使会计人员在脑中模拟一件事的执行过程,设想各种意外情况,考虑如何应对,故此有责任意识的人受人尊敬,让人放心。例如,会计人员在结账时发现数据不平衡,一定会千方百计找到不平衡的原因,纠正不平衡的问题,落实平衡的相关措施等,谨防以后再发生类似的不平衡事件。这种意识是一种知行合一的负责任的表现,有助于担当尽责、防患于未然。

责任意识是懂得因果关系的理性思维,是减少差错、提高质量的保障。一座房子的一扇窗户破了,无人修补,不久后其他窗户会莫名其妙被人打破;一面墙上出现一些涂鸦没被清洗,很快墙上就布满了涂鸦。这种"破窗效应"与会计的谨慎思维格格不入。当会计人员发现"倒了的油瓶"时,会把"瓶子"扶起来,还会想:这个"油瓶"应该放在这里吗?放在哪里合适呢?怎样才会不倒?如何加强防护性措施?这种"有行动,有结果,有预防措施"的思维活动,区别于视而不见、无能无为等不负责任的落后行为,从而有助于落实责任、解决问题。

会计工作是一组群体互助性的活动,不能解决好问题就会成为问题。在谨慎思维与责任意识的带动下,会计人员倡导"填坑"思维,决不能有"挖坑"思维。他人做账和处理事务时有困难,就需要协调解决好。如果刻意逃避,问题和责任就还在那里。一本本会计凭证,一沓沓会计账簿,一年年会计报表,都是会计人员群体努力的结果,帮助他人就是帮助自己。面对难题,优秀的人善于寻找解决问题的方法,平庸的人却为自己的无能为力寻找借口。在会计群体中,你能走多远,取决于"填坑"能力有多大。日常会计活动顺利与否体现在解决具体问题的能力上,即会计人员的责任意识经常体现在克服困难和互帮互助中。

5.2.3 特别认真与工匠精神

稻盛和夫的成功在很大程度上源于其特别认真的人生理念。他在《特别认真地生活》这本自传中写道:"我珍惜每一天,珍惜每一瞬,无论何事,我都以冠以'特别'字样的认真态度全力以赴,对于眼前的一切事情,我都真挚面对,认真处理,态度没有丝毫改变。"[1]他在书中饱含激情地回顾了自己的创业历程,着力描写了青春的苦难与早期的挫折,以及成长过程中从不放弃的"较劲"信念。"磨炼自己的灵魂,就要每天都特别认真地生活,每天都特别勤奋地工作。让心灵变得美丽、优雅、充满慈悲,这就是人生的目的。"[2]人生只有一次,一定要采取真挚的、冠以"特别"二字的认真态度,只有这种不懈的努力才能让人生好转,才能培育高尚的人格,才能把灵魂磨炼得更加美丽。工作现场就是精神修炼的场所,每天全神贯注、拼命工作,就是磨炼灵魂的修行。"每天都必须特别认真地生活",这是稻盛和夫的信条,也造就了他的人生。

养成特别较真思维习惯的会计人员,凡事认真、讲究到位,具有较高的自觉意识和诚信素质,能够专心执着地做好每一件事,对每一张凭证、每一笔业务都做得细致、周密,从不马虎,也不拖拉,更不糊弄。这与玩世不恭,奉行"混日子"的态度泾渭分明。

谨慎的人讲诚信,诚信的人很认真,认真的人很规矩。会计较真与谨慎思维、规矩意识内在关联。较真不是一般的认真,较真的会计人员严肃对待工作,从不苟且处事。会计工作要追求卓越,就应当具备这种特别认真的思维习惯、工作态度和工作能力。

较真的会计人员会坚持一分钱也不能出错的理念。我记得刚接手会计工作时,正好发生出纳人员因为一分钱对不拢账的情况,出纳人员想通过自己拿出一分钱来解决问题,我的师傅说:"不行!"遂与出纳人员一起,将当月的原始凭证与日记账逐笔核算,直到查出差错为止。为什么一分钱也不能错?因为造成差错的原因可能是硬币遗失,可能是凭证或账簿记载有误,还可能是多笔业

---

[1] 稻盛和夫.特别认真地生活[EB/OL].(2023-04-18)[2024-05-13].https://zhuanlan.zhihu.com/p/622947460.

[2] 稻盛和夫.特别认真地生活[EB/OL].(2023-04-18)[2024-05-13].https://zhuanlan.zhihu.com/p/622947460.

务的差错经过轧差以后导致等，其中还应当分清主观或客观等因素，决不能蒙混过关。刨根问底的谨慎思维有助于会计人员自主、自控与自纠（自救）。

我还清楚地记得自己第一次独立结账与编报的情形：下班了，我还在为六角两分钱的差异而苦恼——为什么科目汇总表上的管理费用与总分类账、明细分类账轧不平？我当时的业务水平还不够，但"不能有错"的教导铭刻于心。通宵达旦，我将所有原始凭证、记账凭证、总账、明细账都重新仔细核对过，在第二天早晨师傅上班前，终于将三角一分钱的红字按照蓝字进行汇总的差错找到了。永远不能有错账，这是会计人员的自重、自尊和自信，源于谨慎、责任和自觉。师傅看着初出茅庐、疲惫不堪的我说，你可以采用"除二法"快速找到差错的金额，六角两分除以二就是三角一分，然后在账簿上找三角一分钱的数字，这样就可以单刀直入了。他很耐心，还教我用"除九法"等技巧去查错。技高一筹，以能服人。那一刻，我感受到了专业技术与谨慎态度、负责精神的内在联系。师傅不仅谨慎，而且专业技术水平很高，才能担负起工作责任。我发现他总是在用一本本子记录着什么，于是我也开始将工作疑惑、解决过程、学习心得等一一记录在工作手册上，久而久之，收获不小。后来调到学校任教，这些实务知识和解决办法是理论教学所缺乏的，于我却有了用武之地，这些在我编写第一本大型会计模拟实习题时，在如何配齐凭证与设计核算体系、怎样帮助学员查错纠错等方面发挥了积极的作用。会计人员善于将具体的事情做细、做实、做到位，而不是浮于表面。只有经历更多细节、获得更多经验，才能在以后遇到困难时知道该如何处理好。

会计技术规范的产生主要有三种方式：一是自发产生后通过法定程序被认可；二是科学研究设计产生并被法定程序认定；三是在会计业务实践中形成一定的经验和规则，通过一定的程序约定。不少优秀的会计习惯经过长期实践，可以演变、提炼和升华为会计技术规范。

会计技术规范属于会计工作的业务准则范畴，总体上具有规章的性质。会计习惯是约定俗成并为大家所共同认可的业务习惯，总体上属于会计常识、传统守则的范畴。两者都是会计人员在会计工作中应该遵守并执行的会计行为规范，映射一定的会计工作规则。会计技术规范的效力高于会计习惯的效力。

会计专业有标准，会计行为有规范，会计工作有程序（秩序），特别认真的会计人员大多有出色的专业技能。若干年后，我应上海财经大学出版社之邀，主编了"李敏会计技术系列教材"，包括会计记账技术、会计查错技术、报表编审技术和会计分析技术。如今看来，还应当通过数智赋能，努力钻研会计数智技术及其应用场景等。

5.3 数据敏感与智觉预警

5.3.1 会计人员对数据具有特殊的职业敏感性

数据虽然是一种很能说明问题的语言，但要读懂它并非易事。随着数据的价值越来越大，提升对数据资源的认知就显得相当重要。数字化时代要求会计人员成为懂数据、善分析、会管理、能抉择的智能型人才。2019年4月人力资源和社会保障部发布通知，正式确认了数字化管理师等13个新职业信息，以适应越来越多的企业、事业单位及政府部门的数字化转型需求。数字化会计师是数字化管理师的重要组成部分，是指使用数字化智能移动办公平台进行企业或组织的财会、税务、审计、内控等架构搭建，相关财务运营流程维护，工作流协同，财会大数据决策分析，上下游在线化连接，以实现企业经营财务管理在线化、会计人员数字化的职业人士，被誉为数字经济时代财务领域的"黄金通行证"。数据的量越大、类型越多，其真实可靠性和可利用性就越重要，会计就是数字大脑的中枢机构。

数字大脑具有的数据敏感度，是指对数据感知、计算、理解的能力，反映通过数据的表象理解事物本质的程度。数据不等于真相，因为真相往往比数据更复杂；数据本身不表示观点（结论），所以分析数据千万别预设观点；数据不一定都是有用的，必须经过去伪存真、去粗取精等过程；数据不是研究问题的终点，参悟数据背后的真相更重要。

对数据敏感的人，看到数据就会思考问题，善于抽丝剥茧，享受发现的乐趣；对数据不敏感的人，看到数据却不明所以，甚至心生烦恼。

对数据的自觉敏锐，是会计人员对数据的特殊感受，对数据的敏感程度构成了会计人员的专业素养之一，是会计人员长期从事会计实践活动练就的能力，是一种会计职业的敏感性和顿悟式的思维活动，是会计人员的认知水平和业务能力的综合表现。

数据敏感在于能够发现某些敏感数据（隐私数据）。识别敏感数据一般有两种途径：一是借助敏感数据智能识别系统，二是人工识别。数据的可见度越低，数据的敏感程度（级别）就越高，由此决定了在企业内部什么权限的人员可以访问敏感数据。会计人员在其工作范围和专业领域内有相当的权限可以接触到不少敏感数据,从而为数据敏感提供了相对可靠的思维基础。一些资深的会计人员由于长期与数据打交道,因此对数据的职业敏感度特别强:

一看到数据就能立刻判断出数据靠不靠谱。数据的产生往往与经营的环境、对业务的理解、业务数量和质量的变动、计算的口径和确认标准等专业性很强的问题休戚相关。深谙数据奥秘的专业人员一看到某一数据,就会立即想到其他关联数据。例如,看到坏账陡增,会联想到以下一系列"病变":利润减少→净资产减少→资产负债率提高→银行不贷款→资金链断裂→不能偿还到期债务→债权人可能与公司对簿公堂等。

一看到数据就能迅速联想到触发数据变动的原因。数据往往是一个系统,或在一个系统中。系统就是一组相互连接的要素。要素无法完全决定自己的行为。但是,把要素和连接关系放在一起,就构成了整个系统,洞察力就是透过表象看清系统这个"黑匣子"里的要素及它们之间的连接关系的能力。你无法解决问题是因为你看不清。要真正解决问题,既要改变要素,又要改变它们之间的连接关系。例如,看到坏账准备的数据时,应联想到以下几个方面:① 公司超长期应收账款收不回来;② 公司的信用政策可能有问题;③ 对客户的信用管理不严谨;④ 产品可能有质量问题,客户拒绝付款……这有助于挖掘业务间的数据联系等。

一看到数据就能马上领悟其商业意义。数据的背后是人与人、人与物的各种经济利益关系,能够理解数据,往往是基于对业务、客户、交易和商业价值的理解。培养数据敏感性,不是靠死记硬背,而是要了解数据背后的故事,包括业务运行规则、潜在利益等。如果不明白业务特点,单从数据评判数据,分析结论就可能离经叛道。之所以一再强调业务分析的重要性,原因就在于,财务分析如果不结合业务进行,分析结论就可能失真。只有把数据背后的因果关系搞清楚,数据才能变得生动。数据敏感度是基于对工作中数据指标的熟悉以及对业务的掌握程度逐渐积累、循序渐进的。就像经验丰富的医生,在下结论前,一定会充分了解病情,经过望、闻、问、切等的全面考量。

5.3.2 数据敏感的思维路径与方法

数据会"说话",也有"灵性",问题在于你是否具有对数据敏感的"悟性"——一种特有的对数据理解、分析、感悟的能力。悟者,吾之心也!细心观察会计人员的质疑思维(包括求异态度、归因分析和求证精神),可以窥得其与数据敏感性的内在关系,感知其假设(设问)、推理和判断的思维路径与方法。

质疑思维是对令人产生疑虑的情形保持警觉。第一性原理的思维方式强调质疑,多问几个"为什么",想一想是否合乎实际,是否真有道理,是否符合趋势等,包括架起"望远镜"以观察变化、捕捉机遇;利用"显微镜"来研究问题的本质,看清"基因""能量"所在。这种质疑过程所采取的主动的、持续的、仔细的反思性活动的目的是探究什么样的信息支撑可以得出什么样的结论。如果会计质疑的问题有些敏感、刁钻、始料未及,就说明会计在"警觉"中。例如,以风险(问题)为导向的会计思维要明白为什么要识别风险,风险具体是什么,在什么时候发生,在哪里进行,由谁负责,应该怎么控制,做到什么程度等。

勇于质疑就是不轻易接受现有的答案,不轻信,不盲从。例如,当存货与销售都在增加时,为什么现金支付会感到拮据?存货与销售增长是内在相关、彼此同步的吗?销售与应收账款的增长是顾此失彼的吗?销售的增加为什么没有导致经营现金流入的增加?销售、应收账款、利润、现金流量之间究竟存在怎样的关系?在利润节节攀升的时候,为什么需要特别关注现金流?增长不等于发展,发展不等于可持续发展,这是真的吗?……能用问题思维替换答案思维是有现实意义的。如今答题变得相对容易,不少题解可以上网去找。即使对待现成的答案,也要善于质疑,通过知己知彼,用实践去验证。

善于质疑可以从分析入手,而不是简单地接受或忽略。例如,经济指标出现数量差异,往往说明有值得进一步分析的必要。企业应当坚持资产大于负债,保持适度的"准平衡"。但为什么有的企业资产负债率总是居高不下?从差异中找错弊就是一项很重要的会计查错技术。

敏于质疑在于发现疑点或线索,包括增长中的问题等,而不是偏听偏信。例如,因为资产=负债+所有者权益+收入-费用,所以通过调节这些项目,如费用资产化或资产费用化、收入负债化或负债收入化等,就可以操纵利润。又如,某公司连续多年虚增利润,其资产负债表中的某些项目就会存在增减数目特别大的异常情况,其经营活动现金净流量会与净利润不匹配,且数额相差很大。虚增意味着隐藏,总有露出尾巴的地方。这是识别会计造假的基本认知逻辑。

质疑思维是主动的,暗含着主动搜索、主动求证、主动求解的过程,需要认真评估和判断,而不是粗暴赞同或反对。某公司当年利润总额为3 000万元,比上一年的2 000万元(基本是经营利润)增加了1 000万元,增长了50%,这是简单运算的结果。有人由此推算出三年后该公司利润将超亿元,这是对总体情况的粗略估计或大胆判断。事实上,该公司3 000万元的利润中,有超过1 200万元是公允价值变动的账面浮盈,还有800万元是一次性补助,剔除这两项因素的话,与上一年相比,其经营利润减少了近千万元,剔除不可比的、偶然的、一次性的因素后进行趋势分析,预计该公司未来的经营利润将大幅下降。这是不同的眼光看待同一家公司数据的例子。解析变动趋势绝不是数字游戏,而应当有真知灼见。

求异思维(态度)是根据已有信息,从不同角度、不同方向思考,多方寻求多样性答案的一种发散性思维。会计问题发生后,往往与异常的数字、时间、地点、往来单位、业务内容或科目账务相关,一项或几项出现的异常现象便可以成为会计差错的疑点或线索。在甄别会计信息的过程中,如果发现有违背常理、难以解释、无法印证的数据或异常业务,就证实了一句古语:"事出反常必有妖,言不由衷定有鬼。"反常就会有异常,这一认知通常是识别会计造假的基本逻辑。深入追查这些异常现象,有时候便捕捉到了会计错弊的疑点或线索。舞弊问题往往是"变"在先,"藏"在后。"变"是变真为假、变实为虚、变公为私,在变动中弄虚作假。"藏"是隐藏掩饰,在深藏中蒙混过关。

单位之间的经济联系是广泛而错综复杂的;但从经济业务内容来看,它们又是相对固定或明确的。一般正常的单位往来,其经济业务的发生有一定的频率,其业务往来金额也有一定的幅度。如果发现有的单位名称陌生,长期不与本单位发生业务往来,挂账数额又较大,就应视为异常往来单位,需进一步查明是否虚列账户、是否呆账。有些单位弄虚作假的主要手法就是通过往来账户做手脚,故会计人员应特别关注那些没有原始凭证的往来账户,从异常中发现舞弊的蛛丝马迹。

归因分析是指对事件产生的因果关系进行推断和解释的一种思维方式,它可以从表象出发,帮助深挖某些行为背后的动机。例如,某公司的营业收入增幅低于应收账款增幅,且与经营性现金流量相背离,其税负与收入、利润不匹配;该公司有大量资金出借,却无分文利息入账;盘点房屋等固定资产时,发现好几栋房子已经出租,但账面没有租赁收入……这些行为都与隐匿收入相关,显然存在偷逃税款的问题。归因分析就像是福尔摩斯探案,会计专业人员成为自己领域的数据侦探,用归因分析的显微镜看穿数据背后的逻辑,让会计观察从"是什么"走向"为什么",不仅能理解过去和现象,而且能洞见未来和实质。

求证思维(精神)就是通过证证、账账、表表、账证、账表、账实之间的检查和核对,发现其中不相符、不对应等问题,以此为线索或疑点,追踪查证会计差错的具体形态及其形成过程。会计信息与非会计信息相互印证是求证的必要过程,并凝聚在业财融合的具体场景中,体现在经过算管融合后的有用信息上。小心求证、客观评价的重点在于用知识和经验去验证某个结论的可靠性。一开始,信息资料一般仅具有潜在的证明力,其本身的真实性和相关性尚未被确认;经过鉴别确认后,信息资料的证据力就转化为现实的证明力。对信息资料相互联系地考察,进行必要的归纳、分析和整理,这时,现实的证明力就转化为充分的证明力,最终可以形成警示意见。这个过程伴随着会计人员的艰苦劳动——从感性到理性、从片面到全面、从现象到本质的认识过程,伴随着对预警信息认识的深化。没有这种认识的深化,就难以形成正确的警告判断。

上述几种思维内在关联。基于谨慎考量提出疑问,需要有批判性的眼光和多元化的思维,并期望通过求异、归因、求证等,证实自己的想法,落实有效的判断,然后敢于表达不同的观点,敢于对不合规、不合理说"不",这是会计责任和专业权威的体现,由此带来的好处是不人云亦云,避免他人的误导等。

上述几种思维方式对改变既定思维很管用。"难道只能这样吗?还能做哪些改变?"这是求异思维在发问。当人们跳出常规的思维方式,从另外的角度来考虑问题时,成功也许就在眼前。你需要始终牢记的是目标,并将它与现状进行对比,也许你会发现,如果不改变现状,就不可能实现目标。创新思维在于"新",不论是新技术、新产品、新方法、新理论还是新思想等,都强调"新"。但"新"的前提或者说必要条件是"异"。如果不能"立异",也就无所谓"标新"了。所有创新都要"求异",异于旧形式、异于旧内容、异于旧功能、异于旧结构、异于旧特性……求异才能创新,要标新必然先立异。

5.3.3 慧眼识数在于能够透视数据背后的问题

要想慧眼识数,就需要具备会计分析及诊断思维。有时候经济现象或被"包装"起来,或被"揉成"一团,甚至乱七八糟,怎么办?会计报表太单调了,数据太枯燥了,还真假难辨,怎样才能认清数据现状及其背后的问题?通过分析诊断，就能洞察报表、透视经营。[①]

物有本末，事有始终。"分"和"析"都是会意字。分，从刀，从八，形容用刀将物剖开。析，从木（树木）、从斤（斧子），用斧劈木。"分"与"析"合用，强调将事物、现象、概念分门别类，离析出本质及其内在联系。边分边析，以析为主，重在解析经济现象及其成因。

业务增长既是企业发展的"根"，也是指标数据的"源"，它既不应像广告一样"喊"出来，也不可空穴来风"吹"出来，更不能随心所欲"变"出来。任何增长都应当根源于发展的逻辑和运行的规律，应当是"做"出来的趋势所致，而不是"写"出来或"算"出来的数字。所以会计分析既不是数字计算，也不是统计推算，而是有"分"有"析"后的专业判断。尤其要善于透过遮遮掩掩的虚虚实实，看穿经济活动的真实面貌。经过分析后的信息应当尽量满足以下两条标准：一要客观真实，二要全面完整。

有人说业务偏向于快思考，追求效率，凭借的是感性和直觉；而会计偏向于慢思考，细致周到，依靠的是理性认知和逻辑推理；业务上的快思考协同会计上的慢思考，平衡互补，相得益彰。尤其在环境复杂、信息繁芜的时代，更需要通过解读报表、甄别信息来增强识别真伪和防范风险的能力，包括通过去粗取精、去伪存真、由此及彼、由表及里的解析和整合，洞察报表、透视经营、明察风险、睿知趋势，进而发现运行规律、智谋管理效能、提升经营业绩，这是智慧理财的表现。

"去粗取精"，就是借助分类、比较等方法，找到能够反映事件本质的信息，扬弃那些粗糙的、可有可无的、并不反映本质的材料。

"去伪存真"，就是鉴别材料的真伪，不为假象所蒙蔽，发现事物的真相。尤其面对杂乱的信息，更要用心分析、判断其中的噪声，剔除反向、错乱的信息，将真实、可靠、有用的信息找出来。

"由此及彼"，就是依据事物的内在联系和逻辑关系进行推断分析，把来自各方看似彼此孤立的信息联系起来考察，弄清事物的来龙去脉和在空间、时间中的相互联系，通过历史比较、行业比较、国际比较，发现其价值或估值中的真相，分析把握各种关系相互作用后的发展方向。

"由表及里"，就是追本溯源、刨根问底，通过事物之间的外部联系发现事物

[①] 李敏.洞察报表与透视经营——算管融合的财务分析逻辑[M].上海：上海财经大学出版社，2020.

的内部联系,透过现象看本质,知其然且知其所以然。

冰冻三尺,非一日之寒。不少会计造假的结果是利润率畸高的同时存在其他异常情况。最常见的"造假流程"如下:虚构业务收入,生造资金流→伪造客户和供应商,变造资金凭证→在虚增利润的同时影响资产负债表项目,造成资产负债表某些项目异常变动等。例如,一家公司连续多年虚增收入、虚减成本、虚增利润,资产负债表中的某个项目或某几个项目会出现异常,如应收账款、存货等资产项目余额居高不下,且资金周转相当缓慢。又如,主营业务利润下降的企业,为什么其他利润会急剧上升?经营现金流缺乏的企业,为什么货币资金会迅猛增加?面对诸如此类不平衡的状况、不一致的说法、不对称的信息、无法自圆其说的解释,应当警惕其背后不可告人的勾当。

5.3.4 警觉思维与智能预警

风险有迹象,财务危机也不例外。在危机发生前,会在采购、付款、生产、存货、销售、收款、企业声誉等方面,或在相关管理等方面产生一系列异常的指标波动,智能预警基于大量数据分析,能协助企业迅速定位风险的源头,避免大规模、高强度财务危机的爆发,并对已出现的危机采取有的放矢的措施。智能预警系统通常包括信息收集和处理、危机(风险)预警和发布、危机(风险)跟踪和应对等。

危机是可以被提前认知的,就像天气虽然变化无常,但可以被预报。例如,日晕或月晕的出现往往预示天气会有一定的变化。一般日晕预示下雨的可能性大,月晕多预示要刮风;月晕有时候会有缺口,缺口的方向便是风的方向。所以,民间有谚语"日晕三更雨,月晕午时风"。

危,会意字;小篆字形上面是人,中间是山崖,下面腿骨节形;本义为在高处而畏惧,不安全。机,形声字;从木,几(jī)声;本义为弓弩上的发射机关,引申为事物发生、变化的缘由或枢纽,对事情成败有重要关系的中心环节。危机通常是指令人感到危险的时刻或产生危险的祸根,如灾难性事故等。

有些问题,开始时并不严重,但由于没有得到及时解决,风险日益积累,最终酿成大祸。正所谓"千里之堤,溃于蚁穴"。企业从风险走向危机产生危害,从问题走向困难产生困境,期间定有不少预警信号。无视风险导致危机,轻视危机导致危险,忽视危险导致危害。警觉意识与危机预警思维在风险社会中是有积极意义的。

预警,就是指提前报警,预先报告经济运行在未来可能出现的情况,是在科学诊断的基础上,利用预警指标预测未来状况,度量某种状态偏离预警线的程度,发出预警信号,并通知相关机构或人员及时采取应对措施,以规避风险、减少损失的过程。

预警系统是指应用预警理论、信号数据处理工具、预测模型等工具方法建立起来的由特定警示功能组合而成的整体,通常包括预警信息收集系统、预警指标设计体系、预警信息反馈系统、预警信号监测模型、预警结果警告体系、预警结果评价系统等。

财务预警是预警系统中最重要的组成部分,是以财务报表和相关经营资料为依据,采用各种分析方法,将企业面临的经营波动情况和财务危机信号预先告知投资者、经营者和其他利益关系人,并分析企业发生经营波动和财务危机的原因以及隐藏着的问题,以督促企业管理当局提早做好防范。

有风险存在的"因",才有危机预警的"果"。危机预警信息系统是按照因果关系构造的,这种因果关系所形成的信息预警既服务于经营管理的全过程,也服务于不同层次的管理活动主体,但主要是服务于企业管理当局。

危机的警告是多元的:一是财务指标变异程度警告,主要依据为对财务预警指标的评价和判断;二是会计信息真实程度警告,主要依据为对真实可靠性的评价和判断;三是管理失控程度警告,主要依据为对内部控制缺陷严重程度的评价和判断;四是风险可能程度警告,主要依据为对风险频度和程度的评价和判断。在这些研判的基础上,可以综合分析企业危机的严重程度。

预警指标可以一个一个算,风险和问题也可以一项一项罗列,但应当联系起来进行综合评判,以形成总体认知。对各种危机信号,不能"盲人摸象",以偏概全,而要明察秋毫,敏锐地看清极细小微末的东西,不受欺骗,科学诊断。

在危机诊断过程中,收集警情是基础,分析警兆、探寻警源、判断警度是核心,发出警告是关键,排警对策要及时跟进。诊断着重关注经济运行中出现紊乱或值得关注的信号,并利用会计等相关指标度量企业财务状况偏离预警线的程度,发出危机警戒信号,提出排除危机的意见和建议等。[①]

从控制学的角度来看,能够自醒、自警、自省是一种自我敲打,把自己放在

---

① 李敏.危机预警与财务诊断——企业医治理论与实践[M].上海:上海财经大学出版社,2019.

"显微镜""放大器"下去审视,可以始终保持慎独、慎初、慎微,如履薄冰,常怀敬畏,不敢懈怠。只有经常反省、检讨自己,才会不断校正自己,不走偏,始终走在正道上。

5.4　数字精益与智控风险

5.4.1　数字化的真谛在于不断精益化

数字化通过采用新的数字技术,把"精益"做细、做深、做透,促使信息更可靠、更稳健、更安全。精益求精的思维在数智化时代将发挥得淋漓尽致。所以,在数字化进程中,需要不断学精益、讲精益、会精益、用精益,让精益的理念深入人心,从而有助于增强战略决策的支持深度、经营活动的分析精度、管控风险的精细力度。

精益思维最初体现在对产品质量的控制中,强调产品的成本与技术的合理匹配和协调,此后延展到企业经营活动的全过程,追求企业经营投入和经济产出的最大化。精,在质量上体现"尽善尽美""精益求精";益,在成本上体现"只有成本低于行业平均成本的企业才能获得收益"。精益思想不单纯追求成本最低、企业眼中的质量最优,而是追求用户和企业都满意的质量,追求成本与质量的最佳配置,追求产品性能与价格的最优比。

拥有谨慎思维的会计人员很容易接受精益的说法与做法。精益包含精细,但不等于精细。运用辩证法分析,"细"到什么程度,要拿捏妥当,有"度"的把握。把"细"当成目标,有可能导致管理资源过度投入,而管理目的却含糊不清。"益"就是要提升效益或有益于价值增值。"益"有方向感、有内涵,有"度"的体现。由"精"到"益",就是要以最少的资源投入创造尽可能多的价值。

精益既是会计管理理念和工作要求,也是一种行为指向。于细微处将会计做到极致,这是我对一些资深会计师的赞扬。我原先所在的财务科有一位资深的总账兼成本核算员,她自制的核算成本费用的"哈达表"又长又宽,数据密密麻麻,经常看见她伏在案上,用长尺填齐数据,生怕数字脱格。她编制的"哈达表"很少有"直升飞机"(向上的箭头)和"潜水艇"(向下的箭头)等表明差错的符号。当时还没有普遍使用计算机,这张成本费用表的计算过程保留六位小数,计算结果保留四位小数,可以说是精雕细琢。当时还没有推行业财融合或管理会计,但她主动去仓库找资料、找车间人员讨论、与收发料单核对,觉得没有差错了才交给我看。我认识的不少会计主管或总会计师都有深度近视,这与他们夜以继日、一心扑在工作上的履职经历有关。

5.4.2 优先排序思维与精准风控策略

在风险突变、危机频发的环境中,会计人员会焦虑,因为需要应对形形色色的变化,且制度文本和规定要求这么多,怎么办?遵循正确的思维方式,设定优先级,寻找关键的风险控制点,以便有针对性地管控,是不少成功人士的经验。

事有轻重、缓急、本末之分,你的认知决定了你做事的优先级。优先级的持续性会造成成与败的差别,体现在你对时间、精力、财力的分配和使用上。所以,不管会计人员多么忙碌,做事也要分清主次,要善于牵住"牛鼻子"。

优先级排序是很重要的思维方式,可以参照以下三点来操作:一是按照紧急性排序,哪件事最紧迫就优先做哪件;二是按照重要性排序,哪件事最重要就优先做哪件;三是按照困难性排序,人的心理能量和身体能量有限,所以在某些情况下或某些领域中,先做困难的事,通过做完困难的事来给自己积极的反馈,积攒心理能量,再做次困难的事。

风险无穷无尽、目不暇接,怎么办?应事先深入实际调查研究,识别和测算风险发生的概率和程度,找出关键控制点,体现于相关制度或流程中。经过细分,寻找失控点和真空点并予以重点管控。权力的失控是最大的失控,权力的真空是最危险的场所。失控点是指内部控制环节中已经想到但没有设计好,或虽然想好但因没有落实到位而产生控制缺陷的地方。真空点是指控制行为没有到达的方面或部分,或控制环节中既没有想到,也没有做到的处于空白的地方,如账外账,有可能是严重的"出血点",应当及时制止。

从控制的局限性分析,内部控制不是万能的,会受到成本效益等的约束,加上管理人员素质或人为错误的影响,内部控制应有的作用就可能无法发挥,特别是高层管理人员的越权行为会限制控制制度的作用,一旦拥有控制职能的人员越权管理,就可能导致内部控制失效。比如,要上马一个工程,正常的招标、投标、开标、评标等程序不可或缺,但如果主管领导执意把工程交给某家施工单位,此时内部控制就会因为领导越权而失效,就可能出现舞弊风险。也就是说,内部控制应当针对行使控制职能的管理人员的履职行为,以权谋私、营私舞弊是控制的重点。

从控制策略分析,所有选择都应当是审时度势后的自主行为,故应对风险的策略不能选错,否则将导致方向性错误,以致管控措施失效。所以不仅要熟知各种策略,而且要学会灵活变通,在通盘考虑可规避性、可转移性、可缓解性和可接受性等情况下,以求将风险降至可接受的水平,以预案的前瞻性和精准性对冲环境的复杂性和风险的不确定性。

从控制措施分析,在实施不相容职务分离控制、授权审批控制、会计系统控制、财产保护控制、预算控制、运营分析控制和绩效考评控制的过程中,要具有风险针对性和主观能动性。内部控制措施可以手工操作(手工控制),如不定期盘点、不告知的突击检查等,具有较强的威慑作用;也可以自动操作(自动控制),如定期盘点,信息化自动查询、跟踪和反馈等,具有持续的联动作用;更应当创造条件实施自动化运作,当某些风险达到触发性因素时,系统不仅会自动报警,而且能够自动关闭某些权限或某种运营状态,直至修复自愈。

控制措施只有在特定的情景下方可起到应有的作用,人们可以选择使用而非任意乱用。面对变幻莫测的市场和人心,没有永恒不变的对策,只有应变而变的行动。"知己知彼,百战不殆"的重要缘由就在于具体情况具体分析,应变施策,对症下药。选择恰当的措施(方法),有利于事半功倍,有助于实现控制目标;选择不当,不仅浪费资源,而且影响控制质量,甚至事倍功半或得不偿失。

5.4.3　防范舞弊风险的智能机器人

企业处在不断变动的市场中,既定的内部控制规定相对于发展中的现实业务来说可能滞后,也可能因为控制环境、经济情况等因素的改变而被削弱或失效。尤其是越权行为、合伙舞弊以及其他超出组织控制能力的事件,一般的控制措施可能难以奏效,这时能够及时发现错弊的思维相当重要。

舞弊现象并不都是突然而至的"黑天鹅",也可能是常被忽视的"灰犀牛",如何预见、及时预防特别重要。人工识别舞弊的传统方法包括分析性复核法、关联交易剔除法、异常利润剔除法、现金流量分析法等,其存在过度依赖经验判断和指标分析、可靠性程度有限且具有时滞性等问题。进入数字经济时代,将人工智能和大数据嵌入财务舞弊识别框架,充分挖掘财务数据和非财务数据来构建可度量的舞弊识别与预测模型,并落地为智能预警系统,已成为观察、判断会计信息质量的新视角和新方法。厦门国家会计学院中国财务舞弊研究中心牵头构建的智能财务舞弊识别模型,通过搭建数据库等方式,大幅提高了识别效率,提升了可靠性并降低了大规模审计的成本。

在数据库方面,智能财务舞弊识别对非财务数据和专家经验两方面的非结构化数据进行了量化处理,得出可用于企业画像的指标变量,大大突破了人工识别的边界。在模型方面,其分为两个子模型,即财报可信度识别模型和财务异常识别模型。对财报可信度识别模型,从财务税务维度、行业业务维度、内部控制维度、公司治理维度和数字特征维度五个维度进行企业画像,以模型为导向筛选出对企业财务状况构成潜在威胁的变量,通过动态跟踪市场信息,及时发现企业财务舞弊信号。财务异常识别模型下沉到四级行业,构建行业图谱,定义行业可比企业和行业财务分析模型,并针对特殊行业进行画像;从盈利能力、资产质量、现金分析三个层面,对各细分行业分别设置主成分指标、权重、阈值以搭建财务分析框架模型,并结合行业特征进行全样本分析;最后精准定位企业所处的细分行业,对企业各财务维度及总体健康度进行打分。智能财务舞弊识别结合上述几个方面,对企业的财务健康度做出更加准确的判断,并以用户友好的数据可视化形式呈现。[①]

[①] 智能财会研究院.财务舞弊识别:从人工到智能[EB/OL].(2020-11-30)[2024-02-27]. https://zhuanlan.zhihu.com/p/321314865.黄世忠,叶钦华.上市公司会计信息质量评估——基于财务报告可信度指数的分析[J].财务研究,2023,(6):14-23.

第 6 章

理财思维＋变革融合

6.1 从走出账房说起

6.1.1 账房先生与精打细算

理财应有会计思维，会计思维与理财智慧如影随形。

旧时待在账房内，管理银钱、货物出入的会计人员，被称为账房先生。瓜皮帽下撑着一副眼镜架，手里拨打着算盘，账本里记着精打细算的收支，数字永远是心中的"小九九"[①]。"铁算盘""财神爷""老管家"是对账房先生的赞誉，也暗指会计人员的精明能干、理财有方。旧时，"账房先生"是个体面活儿，礼遇较高。今时，账房先生已经脱下马褂，变得西装革履，作为专业人才、理财高手、领导参谋，已经"会"谋大局，"计"高一筹。

算盘是计算数目的工具——一种古老的计算器，其形长方，周为木框，内贯直柱，档中横以梁，梁上两珠，每珠作数五，梁下五珠，每珠作数一，可做加、减、乘、除等算法，俗话说"算盘一响，黄金万两"。2013 年 12 月 4 日，联合国教科文组织保护非物质文化遗产政府间委员会第八次会议通过决议，正式将中国珠算项目列入教科文组织人类非物质文化遗产名录。

在老一辈无产阶级革命家中，毛泽东、朱德、周恩来等都保持着家庭记账的习惯，他们精打细算，唯恐生活费用超标，给人民增加负担。毛泽东一家从 1952 年开始设立生活账簿，包括日常杂费开支账、生活费收支报表、物品分类账等。

[①] 乘法口诀表俗称"小九九"，以一至九每二数相乘所编成。现在人们把那些有心计、会算计、善谋划的人形容为心里有"小九九"。

这套账一直记到 1977 年元月,记录了 25 年,成为国家一级文物——"共和国第一家庭账簿"。[1]

6.1.2 走出账房天地宽

走进账房的"先生",习惯在账房内记账、算账、报账,什么事都离不开那本账。走出账房的"先生",天高云淡,视野开阔,更有用武之地。账房里的思维容易受到"账"的局限,尤其是 CFO,如果仍在传统核算的"一亩三分地"上原地踏步,只做"账房先生",不熟悉业务且缺乏对业务的系统性或全局性思维,就难以成为企业的价值推动者和战略实施者。业务思维直接关注行业趋势、市场格局、价格变动、企业的经营发展和业绩表现等,并从业务前后端的联系思考企业的前行方向和经营过程中各环节在资源、职责、计划、协同、利益等方面的问题。业务思维不仅是理解业务的基石,而且是深入理解财务的基础。步入数字化时代,会计人员需要更快地融入业务,这意味着时代对会计工作提出了更新更高的要求,要立足会计、跳出会计,推动业财融合落到实处。

会计人员应当有危机感,因为企业的很多系统可以提取数据、整合数据、分析数据,业务部门也可以进行分析。例如市场部、供应部都在做分析,如果他们可以把报表中的因果关系和趋势变化分析出来,对会计人员就是挑战。如果会计人员不能提供更深刻的洞见,就容易失去地位——一部分被系统取代,一部分被业务伙伴取代。

怎样走出账房?华为的任正非给会计人员指出三个方向:一是参与项目管理,走进业务第一线。基层会计人员要想尽快掌握会计整体,最好的选择是做项目会计。一个项目相当于一个小企业的完整周期,全面且贴近业务,经历了这样的循环,会计人员可以为转身成为 CFO 奠定基础。二是转变思维,参与经营分析。华为推崇经营分析,而不是单纯的财务分析。财务分析一定要结合实际,服务业务部门,否则分析报告的作用有限。要通过财务数据挖掘其背后的业务原因,指出问题,找出对策,落实责任,定期考核,这样,财务分析自然突破了财务的范畴,成了"一把手"工程。三是参与预算和预测。计划是方向,预算是量化,核算是校验,三者互相促进,其关键点是做计划的人要懂业务。会计对业务的支持从事后走向事前,预测是可行的举措。准确的预测有助于企业做出

---

[1] 葛长银.毛主席的账簿[EB/OL].(2019-12-06)[2024-02-27].https://www.sohu.com/a/358704845_260616.

正确的决策，可以优化企业的资源配置。财务分析报告在结尾处往往要对全年经营指标进行预测。预测准确与否，在某种程度上是检验财务分析效果的标尺。业财融合在财务转型中占据着重要地位，未来会计人员的工作将不仅基于数据和报表，而且以战略思维、产业思维和数字化思维尝试从专业领域迈向业务领域，更多地参与企业的业务决策，以数据为基础为业务提供有效的反馈和建议。

从美国芝加哥大学金融工程专业毕业后加入华为的某高才生，先后在华为的肯尼亚和博茨瓦纳办事处担任项目财务。书本上习得的金融理论虽然博大精深，但不能直接指导我们算清楚一笔账，或者节省一分钱。为了弄清楚，搞明白，她利用周末的时间下站点，了解挖沟、埋管、吹缆、回填的每一道工序，同时恶补当地的免税政策，不仅把每一份合同的账算得清清楚楚，而且帮公司节约了高额的成本。用她自己的话说，"下厨房"的过程是枯燥的，但只有亲自完成每一道工序，才能掌握"佳肴"的秘方。

6.2 理财思维与数智赋能

6.2.1 从当家理财说起

"财者，为国之命而万事之本。国之所以存亡，事之所以成败，常必由之。"（《栾城集三·上皇帝书》）无论是企业（或机构）理财，还是个人（或家庭）理财，都与会计思维密切关联。会计思维直接的功利性或职能型目标就是抓住资金"龙头"，加速资金周转，实现资金保值增值。会计思维的力量就在于将会计知识灵活有效地运用于理财活动，通过提高对会计及其周遭事情的认知，为理财活动增智赋能。在数字经济时代，理财活动更应当理好数据之通路，挖掘数据之财路。

会计人员之所以被称为"当家人"，是因为其善于掌管财政。不善于当家理财，就要穷了。你看"穷"字，力在穴下，有劲使不出。"富"字却由四个部分组成："宀"象征房屋——稳定的环境；"一"表示正确的思维和智慧；"口"以示良好的沟通能力；"田"用于持续努力地耕作。想要获取财富，不仅要付出辛勤劳动，而且要吸纳思想、善于表达。遇到理财问题，会计人员在脑海中会闪现一些疑问：理的是什么财？这些理财措施行吗？是否与能力匹配？……善于思考就有出路，会用知识更有力量。有智慧，有能力，才能当好家，理好财。

理财的想法谁都有,但钱袋子是否充盈却取决于理财的脑袋。美国国家经济研究局的一项调查显示:近20年来,欧美国家的大多数彩票头奖得主会在中奖后不到5年的时间里,因各种因素而变得穷困潦倒。美国彩票中奖者的破产率每年高达75%,每年12名中奖者中就有9名破产。可见,即便真的一夜暴富,只要思维是"穷"的,用不了多久就会回归穷困。据研究表明,多数破产后的中奖者的生活水平甚至低于中奖前。《经济学与统计学评论》分析了这个现象,其表面原因是那些中奖者欲望无度,不知道合理规划金钱,更深层次的原因是那些中奖者的受教育水平和理财知识有限,他们并没有拥有财富的能力。[①]

理财思维自古有之,古人对此很有见地。"理"字的本义是在作坊里将山上挖来的璞石加工成美玉,使之成器。这个过程既有思维上的顺应纹理,使之有条有理之意,又有动手加工成器,使之有型有款之功。思而不行则无用,行而不思则无功,古人造字已有知行合一的内涵。解析"财"字,从贝从才,有钱还要有才能,方能拥有财富。财从才来,包括专业才能、管理才能和经营才能等。任何才能都不是与生俱来的,要靠后天培养,靠勤奋磨砺。在正确的方向下,转变思维,提升智慧,增强能力,才会走上财务自由之路。

管理管理,先理后管,边理边管。会计人员的理财习惯就是这样,理在前,理清楚了再说,想清楚了再干,这样的工作思路有条不紊,不会出乱子。例如,为了分门别类开展各项理财活动,并分别核算财务状况和经营损益等,会计人员养成了日清、月结、年清算等很多良好的职业习惯。最初的日清月结是指出纳人员办理的现金出纳业务必须做到按日清理、按月结账。按日清理就是指对当日的经济业务进行清理,全部登记日记账,结出库存现金账面余额,并与库存现金实地盘点数核对相符,然后按月结账,并做到账实、账账、账表一致,这是出纳工作的基本要求与工作惯例,也是避免出现长款、短款的重要措施。日清月结的思维后来扩展到大部分会计业务,尤其是库存业务、往来结算业务等。在按年清算结账时,会计人员更要做好各项资金、财产物资的清查、核对工作,并按期结账,关闭旧账,开设新账。

日清月结体现了会计人员的自我管理,即自律要求。日事日毕是没有任何借口的。能长期坚持日清月结,把当天该做的工作做好做完,体现了会计人员的专业态度和职业素养。日清月结还体现了团队协作的精神和质量。日清月

---

① 每12名彩票中奖者,就有9名破产:你真的不是缺钱那么简单[EB/OL].(2019-10-22)[2024-02-27].https://zhuanlan.zhihu.com/p/87939417.

结不是一个人就能做好的,需要业务部门的支持、签批流程中各个节点的领导的支持、财务内部各个岗位的支持,至少体现了这些环节之间的协同。日清月结还是一种企业文化,做事不拖拉、不推诿的作风变成制度,成为习惯后,有助于提高工作效率。

每年关账的过程,也是会计人员总结工作经验和教训的过程;每年开设新账时,会计人员就会想着新的一年如何才能做得更好。会计工作年年如此,不断循环,是很有规律性的,处于不断的辞旧迎新和不断的变革完善过程中。会计年末结转损益有"清零"的惯例,只有上一年损益结转"清零"后,下一年才能重新开始。会计工作如此,会计人生亦如是,定期适当放空自己,便于接纳新思维,才能得到更多教益。人生需要拥有"清零"的能力、推陈出新的能力、与时俱进的能力。"清零"的现实意义在于厘清过去,立足现实,开创未来,去探索和增长新的更多的认知。吐故纳新,适者长存。

6.2.2 抓住资金"龙头",理好资金之财

会计以资金运动为对象,全面管控资金运动过程及其结果。资金是所有会计要素的价值表现,盯住资金运动就是抓住经济活动的"龙头"。会计要素内在的数量关系告诉我们:增加资产,减少负债,所有者权益随之增加;增加收入,减少费用,利润随之而来。各会计主体的行为在纷繁复杂的经济活动中是否顺利,是否有效,可以在各会计要素及其所表现的资金运动中体现出来。理财活动必须重视资金的循环和保值增值,管好资金链,包括资金投入链、资金运营链、资金回笼链等。

资金投入链与筹资活动相关。任何企业的运营都需要一定的资金来源,无论是设立之初还是持续经营,都会产生对资金的需求。资金是企业的"血液",但绝不是越多越好。一家企业到底需要多少资金?这是一个理财问题。在通过一定的渠道,采取适当的方式获取所需资金前,先要思考这个问题。

企业的资金主要来源于资本和负债两个部分。企业筹措资金应当规模适当,足量而不过量;筹措及时,适时而不闲置或滞后;来源合理,注意筹资渠道、筹资方式、法律风险、收益与成本的比较;筹资方式经济合理,并注意确定合理的资金结构,努力降低成本、减少筹资风险。

为保持会计结构的稳健性和提高资金运营效率,会计管理要求企业保持资金来源与资金占用之间的对应关系。对维持正常生产经营所需的最低数额的

现金、原材料的保险储备、必要的成品或商品储备以及固定资产等长期稳定占用的资产，应与长期稳定的资金来源相对应，即应与企业采用主权资本和长期负债等筹资方式所筹集的资金的规模相对应。从其与企业业务量的关系看，这类筹资的需要量可被称为不变资金规模，也称非敏感项目资金。对随业务量变动的资金占用，如最低储备以外的现金、存货、应收账款等波动性资产，则应与企业临时采用的筹资方式所筹集的资金规模相对应。这类筹资需要量从其与企业业务量的关系看，可被称为变动资金规模，也称敏感项目资金。将筹资规模按其与业务量的习性关系分为不变资金规模与变动资金规模，有利于企业在业务量预测的基础上，对筹资规模做出正确的预测。

资金运营链是资金链的灵魂，是实物流转、业务流程、资金价值的体现。采购需要向供应商付款，通过交易换取实物，通过加工将实物变为产成品入库，经由销售渠道再次转化为资金流入企业，接着这些资金会再次流出以换取实物，形成资金流转的循环。这种循环的时间涉及向供应商付款的应付账款周转天数，从商品入库到销售所经历的存货周转天数，从销售到客户回款间隔的应收账款周转天数。想要让资金运转更有效率，就需要进行有效的资金管理，解决好资金运营链出现的问题。资金管理一方面可以通过对资金来源和需求的预测来预警风险，进行预期控制，另一方面可以通过有效管理为企业带来收益。尤其是通过对资金流向的梳理，可以清晰地看到各类产品或项目的资金流入和流出，经过调研和分析，可以找到提高收入或控制成本的方案，以有效提升资金利润率。

理财的重点在于关注资金的流动及其回笼。资金运动会与实物运动相背离，所以要有洞察的眼光，正视资金流转与实物流转不平衡的现状及其动态表现，一旦出现不同步或不同量现象，就应当主动协调相关关系，而不是放任自流。资金流转的平衡是相对的、有条件的。会计人员面对不平衡现象，应及时提供分门别类的具体信息，提出警告，重在控制，力争在一定期限内既同步又同量，保持实物运动与资金运动的衔接。一个有效的办法就是销售业绩与回笼货款同时抓，既考核销售业绩，也考核应收账款回收率，并且以考核应收账款回收率为主，把考核工作落到实处。

对资产实行动态管理，不仅要求控制资产的总量，而且要求及时掌握和控制资产在各种形式上的动态分布（分量）及其结构百分比，并通过分析动态中各种形式资产的增减变动及其合理性，观察其变动发展的趋势，从而有针对性地提出管理建议,对症下药,加强管理,不断提高资产的周转率。

有条件的企业应当设立专门的信用管理部门或岗位,负责制定企业信用政策,监督各部门信用政策的执行情况。信用管理岗位与销售业务岗位应当分设。信用政策应当明确规定定期(或至少每年)对客户资信情况进行评估,并就不同的客户明确信用额度、回款期限、折扣标准、失信情况等应采取的应对措施。企业应当合理采用科学的信用管理技术,不断收集、健全客户信用资料,建立客户信用档案或者数据库。

为了让业务人员充分重视应收账款的资金回笼工作,会计人员还可以运用资金时间价值、机会成本等理念加以引导。资金时间价值是资金在周转使用过程(营运过程)中产生的。货币本身不具有时间价值,只有投入运营后,即在周转使用过程中才能产生时间价值。资金时间价值是一定量的资金在不同时点价值量的差额,即终值与现值的差量,其表现形式有利息率或利息额,通常以利息率表示。理财的高手要有"让钱生钱"的觉悟,包括追求稳定的复利。

假定某公司的 100 万元销售收入要等到一年后才收到,如按 5% 的利率进行折现,100 万元加上 13 万元的增值税,共计 113 万元的现值为 107.62 万元 [113×(A/F,5%,1)],与 113 万元相比,白白损失了 5.38 万元。从时间价值的角度分析,此笔销售不仅无利可图,而且会引发后患。

企业在经营活动中使用的资金都是有代价的,任何资金的占用都必须有付出。上述公司由于种种原因没能及时收回资金,但增值税是不能欠缴的。该公司为客户将 13 万元的增值税垫付上缴的资金来源于营运资金,如按 5% 的机会成本率计算,则又损失了 0.65 万元(13×5%)。

不仅如此,该公司将 113 万元商品让渡给客户占用了一年的资金,等于放弃了一年的机会收益,如按 5% 的利率计算,则又是 5.65 万元(113×5%)的机会成本。机会成本是客观存在的,放弃的次优方案的收益无疑是一种牺牲,它是落实已选方案(择机)的代价。考虑或不考虑机会成本的抉择结果是不同的。

针对上述分析,在理财思维的指引下,会计人员必须思考在什么情况下才能开出发票,给客户多长的信用期才是合适的,要不要延展信用期,怎样才能尽快收回货款,超过信用结算期该怎么办,提前收款要不要奖励,延期收款要不要付息,发生坏账该怎么办……所以,"理财思维"又称"设问思维",即根据实际情况,列出所能想到和涉及的相关问题,并依此认真思考,慎重决策。

6.2.3 借助人工智能，理好数据之财

人工智能有三个重要的基础：算法、数据和算力。其中算法是核心，数据和算力是重要支撑。借助人工智能，理好数据之财，可以提供高质量的会计信息。

强大的算力能够提高人工智能的识别度、准确度。深圳华为公司的算力能满足全球7×24小时循环结账的要求，每小时可处理数据5 500万行，使全球超过270家公司分别出具按照多种会计准则编制的财务报表；同时，其可按客户群、业务组、区域、产品等维度分别出具各个责任中心的经营管理报表，这些报表都可以在3天内编制完成并高质量输出。

实用的算法和深度的学习已经帮助会计人员从原始凭证、记账凭证、各类账簿、各种报表以及报表解析等节点认识会计账表体系，通过逐层特征的空间变换，使分类或预测更容易，最终通过建立适量的神经元计算节点和多层运算结构，选择原始凭证输入层和财务报表输出层，通过网络学习和调优，建立起从输入到输出的函数关系，从而实现会计业务处理全流程的自动化。

获取高质量数据的重要前提是原始数据必须是计算机可识别且具有高精准度的。若原始单据标准化程度低，单据就难以数据化，或虽能数据化但质量不高。固定格式的单据标准化、电子化程度越高，数据的质量就越高，这为人工智能在理财中的应用提供了良好的条件。

数据的宝藏需要不断梳理、整理、整合，从而促使数据资源变为数据资产，达成保值增值的目的。理顺数字化的应用场景需要凸显数据思维，可以概括为"五化"：一是业务流程化。流程要反映业务的本质，要全面改进组织结构，实现流程化的组织改造，建立以客户为中心，组织部门服务于业务流程的组织系统。通过组织来匹配流程，从而实现端到端业务的畅通，使组织改造赋能业务效能提升。二是流程场景化。对特定使用场景的分析需要得出特定需求及其特点，并根据前后场景预判设计目标，通过设计来提高用户效率，让场景赋予流程特殊意义。当业务场景十分复杂时，优化设计流程可以实现特定场景的全自动流转。三是场景数据化。将场景中产生的数据信息下沉到数据库，通过算法把它们转变为特定数据，并且可以进一步结构化，把业务流程以结构性数据的形式下沉，为后续的使用奠定基础。通过业务流程场景产生的数据汇聚并连通到统一的服务平台，平台可以对数据进行清洗、加工和整理，形成一套完整的数据体系，利用数据管理方法形成统一的数据域，最终形成统一的数据资产体系。四

是数据服务化。已经形成的大量数据指标和标签,借助技术手段及产品工具,以简单易读的方式推送出去,创建快捷的应用程序接口,在数据安全分级控制条件下,开放给数据的使用端。五是服务业务化。服务业务化会下沉新的数据,进一步形成完整的闭环。

6.2.4 不断开源节流,提升理财智慧

只有善于开源节流,才能提高经济效益。"开源"侧重于增加收入,"节流"侧重于节省开支,这是花钱和赚钱的辩证统一。只会"开源"而不懂"节流",视花钱为流水,并不能带来财富的积累;同样,只知"节流"而不知生钱之道,也会因资金来源不足而陷入困境。既会花钱,又会赚钱,不仅需要良好的心态,而且需要理财的策略和方法。

会计一方面要善于助力营销,另一方面要善于削减支出。崇俭节用是中华民族的传统美德,也是会计文化十分重要的价值观念。以俭修身、以俭立业,这是持家之宝,应世代相传、历久弥新。挖潜在于增效,降本可以增盈,这些永恒的话题,需要久久为功、持之以恒。

量入为出要求根据收入的多少来决定开支的限度,反对入不敷出。"生财有大道,生之者众,食之者寡,为之者疾,用之者舒,则财恒足矣。"(《大学》)一些人并没有正确理解量入为出的含义,会头脑发热,控制不住花钱的欲望,没把钱用在"刀刃"上。理财是一种细水长流的活动,一夜暴富等不切实际的想法属于投机而不是理财。一旦采用歪门邪道获取财富,就会失信于人,断了生财之路。所以,生财要慎重,用财要谨慎。

你可能赚不到超出你认知范围的钱财。会计思维善于用整体系统的、既平衡又动态的、相互联系和协调发展的眼光来看待问题。理财的重要目标就是平衡收支,这是一种源远流长的会计思维。会计思维能够养育财商。

理财如登山,一步一个脚印才能培养起积累财富的能力。福耀集团董事长曹德旺认为,是会计学让他掌握了经营企业的"钥匙"。会用会计知识的思维活动与智慧理财紧密关联,指导着会计行为。会计思维的能量就在于将会计知识智能化,这比会计知识本身更重要。把赚钱的想法和能力装进自己的脑袋,才能让"钱"扎根,发芽,长成参天大树。

会计思维助推经营管理,且性能卓越。田中正知是日本制造大学制造技能工艺学系教授、东京大学MMRC特任研究员、J成本研究会会长,在丰田汽车工

业株式会社工作长达 35 年,长期在现场从事与制造有关的工作,历任总公司生产调查部长及物流管理部长,在集团内所有车辆生产工厂中推广了组装工序管理系统,负责丰田所有商品的运送及全世界物流网络的构筑及改善。其独创了改善会计的"J成本论"(把时间轴加入管理会计中的新尝试),阐述了"时间"动因与赚钱能力的因果关系,论证了缩短时间、减少库存、提升投资回报率等会计精髓。

会计思维很有能量,且作用非凡。日本资深会计师、优衣库经营稽核人安本隆晴所著的《人人都要有会计思维》介绍了他如何运用会计思维、会计理念帮助数家公司经营,用会计的力量反观经营本身的过程。他以为基本的会计思维就是增加现金、减少花费,所有工作都应当围绕"会不会有利润"。安本隆晴认为:会计思维能让组织自上而下的目标更清晰,只有用"会计思维"经营,公司才能稳步成长。如果管理者不懂会计思维,则企业到死也不能赚大钱。

6.3 变革思维与数智转型

6.3.1 会计改革以"变革+融合"为特征

理财要智能,智能理好财。会计理财的数字化,是将理财活动中的各个环节进行数字化管理和行为优化,实现理财活动智能化。会计转型应当掌握理财过程的数字化思维及其精髓实质,理解其运作要求之一就是要善于"变革+融合",这是现代企业理财最核心的内容。

会计变革是会计行业运用新技术、融入新时代、实现新突破的必由之路。变革强调信息技术在会计、审计及管理工作中的运用,以及由此带来的会计技术、会计组织方式、会计职能、会计工作边界等的变化,是未来一个时期会计改革与发展的显著特征。一方面,大数据、人工智能、移动互联网、物联网、区块链等技术的革新正在催生新产业、新业态、新模式,进一步要求会计工作与经济业务深度融合,推动会计智能化发展;另一方面,迫切需要一批既精通专业知识又熟悉信息技术,既具备战略思维又富有创新能力的复合型会计人才,以加快推动会计工作的数字化转型。

变革的核心是思维变革。但变革的成功率并不是 100%,这常常使人产生"变革即死"的恐惧。出于市场竞争的压力、技术更新的逼迫和自身成长的需要,"变革可能失败,但不变肯定失败"。所以既要知道怎样变革,也要知道为什么变革和变革成什么。

6.3.2 数智化转型与成长性思维

数智化转型需要改变传统的思维方式和工作习惯，观念再造有助于确保会计转型顺利推进。但在变革初期，某些人因为路径依赖或畏难情绪的作祟等，会产生焦虑，甚至反感抵触。例如一笔付款业务，以前由领导审批后就可以入账付款，而今要进入财务共享中心，再按标准和流程经过审核后才能入账付款，前后相比工作效率明显降低。其实这种借口的根源在于不愿意改变原有的工作习惯。针对部分员工存在的种种认知误区，某集团公司采用"整体规划，先试点再推广"的策略，分步推进，步步为营，发挥"灯塔效应"，逐步影响并改变员工的认知。只有让员工亲身经历"观望→慢慢了解→有所认识→开始实践→全盘接受"的心路历程，才会使员工从内心出发，主动求变，积极参与，形成数智化转型的合力。

数据化的坚实基础是各种各样的标准化，但数字化的进程会出现不标准、难统一等各种各样的"坎"、形形色色的"关"，所以必须持续闯关过坎，这是一个长期艰巨的多方协同过程。

"教"可能是填鸭式的传授，"育"才是自主自觉的感悟。教得太多，育得太少，无疑是教育的败笔。"文"是会背的知识，"化"是体会后的真知，文化的苍白就在于文太多，化太少。某些领导在数字化进程中感到无助，往往就在于领得太多，导得太少。"领"是强压的力，"导"才是应有的势。

国能准能集团有限责任公司（简称"准能集团"）提出数智化财务建设构想[1]时，善于因势利导，取得了良好成效：

（1）构建数据标准层

为有效整合企业的海量数据资源，解决业财关键数据口径不统一等问题，首先需要构建数据标准层，以确保各项数据标准可用、业财数据互通互联，为后续数据处理夯实基础。准能集团依托财务标准化流程管理系统建立了"制度、流程、表单、风险一体化"的协同管理机制，将业务、制度流程、表单、岗位角色、关键风险点以结构化数据形式在信息系统中构建独立模块，通过嵌入财务报账系统和ERP系统，为业务人员和财务管理人员提供标准化操作规范，固化流程

---

[1] 陈来源.准能集团数智化财务建设的探索[J].财务与会计，2023(12).

以引导行为,确保会计信息真实、可靠,数据资源关键字段准确、统一、可用,为后续业务数据处理和管理决策分析提供标准范式。

(2) 构建数据控制层

结合实际工作需要,准能集团从预算管理、定额管理、班组经济核算、税务管理、资产管理等重点业务着手,以精细化、精益化管理为目标,将财务信息系统嵌入企业价值创造各环节的具体业务,为各项业务管理和经营决策提供便利和真实、全面的数据资源,促使财务管理从以核算场景为基础向以业务场景为核心转换。

以预算管理系统为例,通过构建横向到板块/部门、纵向到集团-公司-单位-车间的多维度预算管理架构,自动抽取 ERP、卡车调度、定额管理等 15 个信息系统的关键生产指标和生产消耗,实现预算编制智能高效;通过有效关联 ERP 财务数据库,构建"红黄绿"预警体系,实行成本异动双向管控,实现预算执行监控;通过整合 ERP 系统预算控制功能,事前导入预算控制报表,实现预算控制刚性前置;通过建立统一的财务分析报告模板,按需实时抽取财务数据,全面高效出具多种财务分析报告,实现预算分析全面到位;通过推行专项费用联动管控,深化完全成本奋斗目标考核,全面掌控重点指标,不断推动业务安排和成本管控的持续优化,实现预算考核精准有效。通过跨部门协同、多方联动的全面预算组织体系、管理体系和制度体系,实现财务预算与业务、投资、薪酬等预算的有机融合,形成从预算到考核的闭环联动机制,推动上下贯通、协调一致,助力企业实现发展质量、结构、规模、速度、效益、安全的有机统一。

(3) 构建数据分析层

为满足管理决策即时性诉求,准能集团将数据科学理念和数字化平台工具引入财务管理,从决策层、管理层、执行层多层次,煤炭、电力、煤化工多产业,生产、运输、销售多维度出发,嵌入多种数据模型,全面有效整合、分析关键数据,通过数据分析层实现对企业财产、物资、销售信息的掌握和追踪分析,实时展示重要财务指标,全面增强财务服务中心工作和决策支持的能力。数据分析层由数字财务分析平台和产、运、销一体化运营决策支持系统构成:① 数字财务分析平台通过实时抓取关键业务数据和财务数据,自动生成即时的、多样的、可视化的生产经营分析报告或图表,实现了日利润、吨煤利润等重要指标的智能测算、即时展示,为各层级决策者提供高效、准确、全面的经营决策支持;构建了公司-单位-车间的成本分析体系,实现了成本异动原因的正向实时传递和反向预警穿透;通过预设财务分析报告模板,系统自动精准取数,缩短了近80%的报告编制时间,大幅提高了报告编制效率。② 产、运、销一体化运营决策支持系统打造了全方位成本管控体系,完善了一体化协同创效机制,强化了量价协同管理,满足了覆盖煤炭生产、洗选加工、煤炭销售和电力营销等环节的全流程决策需求,努力服务于一体化运营管理,增强了企业的经营管理和决策能力,确保产、运、销全产业链的利润最大化。

数智化转型的路径是多方面的:① 从易到难。小型化、快速化、轻量化、精准化的应用和订阅式服务可以降低数字化转型门槛;通过优先推动数据资源采集和汇聚,再逐步挖掘数据价值,可以逐步提升数字化能力,满足个性化需求。② 由点到面。一般可以从基础扎实、潜在价值高的环节切入,逐步扩大数字化在业务环节和管理环节的覆盖范围,实现数据贯通和业务协同。③ 长期迭代。数字化转型是渐进发展、螺旋上升的长期过程,应适时因势优化转型策略,量力而行、尽力而为、多方协同、久久为功。

智者创造机会,强者把握机会,弱者等待机会。会计人员应当既能创造机会,又能把握机会。身处不断变革的环境,成长型思维很重要。智能机器在不断学习,包括学习人类的思维方式,进而成为自主智能体,人如果不能持续学习和适应变化,就会被智能机器和时代进步所抛弃。

如何培养成长型思维?一是高度自觉,不断学习并知行合一,通过接受新的知识和技能来不断实践和成长,有为才能有位;二是不断反思,总结经验教训,以此来指导未来的持续进步;三是接受现实,勇于挑战,学会面对风险和不确定性,并从中学习和成长;四是多元思维,创新突破,善于激发自己的求知欲、好奇心和自信心;五是持续改进,自我激励,在面对挑战时更加自信。发展趋势像马,只有骑在马上,才能与马同行,马上成功;如果落在马后,徒步赶路,则终将被淘汰。

6.3.3 变革求进方能推陈出新

思维不应狭隘,更不能设"天花板"。拿着旧地图,难寻新大陆。因循守旧会将活动的手脚捆住。大英图书馆建了一栋漂亮的新楼,准备整体搬迁过去。海量的书既重又多,光搬家费就要花350万美元,怎样把书搬入新馆?雇更便宜的人?发动所有员工及其家属?要求新馆建设者承担这个义务?这些是在"搬书"固有思维模式下的方案。有位年轻人对馆长说:"我来帮你搬,只要150

万元。"那个年轻人在报纸上登了一则消息:"从即日起,大英图书馆免费、无限量向市民出借图书,条件是从老馆借出,还到新馆去……"从"搬书"的思维模式转换为"还书"的思维模式,结果花了比预计少得多的钱就完成了这个看似不可能完成的任务,年轻人自己也因此成了百万富翁。

思维不同,效果就会不同。传统的会计思维如何融入数字经济中与时偕行?互联网的特征就是数据为先,用户为王,万物皆可互联、互享、互动。互联网的思维是一切皆可数据化,数据资产将成为核心竞争力。那么,会计应如何将应用场景不断融合与整合、细化与深化,使数字化转型向价值化推进?这是前所未有的挑战,需要加快解决思维缺位、与发展现状脱节等问题。

能否更新会计思维,与会计人员的经验和思维方式休戚相关。例如,发现一些数据增减变动,需要思考为什么与上一年同期不一样、与预算有差异,并洞察数据背后的变动原因,对业务层面和决策层面有什么影响。能够层层分解往下追问,善于弄清前因后果和变动趋势等,就能提升数据化的分析能力、数字化的运用能力、与业务的融合能力和对风险的管控能力。

追根溯源,会计的局限就是会计人员的主观认知局限。许多会计经验是传承的,但若以为现存的就是合理的,就会导致刻舟求剑。如果善于更新思维,就能推陈出新、与时俱进;反之,如果安于现状,就很容易坠入故步自封的泥潭。如果固执己见,就会切断与外界、与他人的联系,就有可能成为自身经验的囚徒或墨守成规的"套中人"①。

不同形式的"套子"和"套中人"总会出现。习惯性思维既可能成为人们的"助手",帮助人们养成正确的行为方式,也可能成为诱导人们的"奸佞",将思维拖入特定的、单向性的陷阱,使人僵硬、守旧,对新生事物不适应、不理解,甚至满怀恐惧,于是机会在一个又一个的"以后"中流失了。事实上,固守现状往往不是唯一的选择,我们可以仔细考虑所有可能的方案,进行多向思维——从多个角度、多条渠道、多种因素考虑问题。

某些"陷阱"思维会刻意守护过去的选择。例如,沉没成本与现在并不相关,现时的决策影响的只是将来而不是过去,但不少人无法摆脱沉没成本带来的心理折磨,导致错误的决策。又如某些证实性陷阱,诱导人们着力寻找那些支持已有观点的论据而有意忽略那些不利于已有观点的证据,尤其是在征求他

---

① 俄罗斯作家契诃夫的《套中人》刻画了一个看不惯一切新事物的保守派人物别里科夫,他不仅自己生活在"套子"里,而且要求别人守旧、不变,是一个顽固保守、反对新事物的典型。

人意见时,会提出带有诱导性的方案,这是片面的、有害的。思维不应设限,要敢于直面相互冲突的信息,确保充分了解来自不同方面的信息,并予以思考或测试。能用开放的思维考虑面临的形势,才有可能出现不偏不倚的解题思维。既能扩散,又能集中的思维方式将有助于思维系统化,从而使人多谋善断。

思维决定出路。要通过多元化学习、跨界思考、创新思维工具等来觉察思维定式。思维定式限制了思维的广度和深度,觉察并打破思维定式是拓展大脑极限的重要一步。要善于增强批判性思维。信息越泛滥,越需要具备辨别真伪的逻辑能力,以避免被误导、被欺骗。要努力培养创造性思维,通过开拓新的思路,发现不同的解决方案,以获取更多价值。

改变思维不是强调用一种思维去替代另一种思维,从一个极端走向另一个极端,而是主张思维维度的变化,从一维走向多维,从低维走向高维,从单一片面走向差异多样,这就是克难制胜的金钥匙。墙推倒了就是门,心敞开了就有路。思维不设限,思想才有深度。

新陈代谢是指机体与环境之间的物质和能量交换以及生物体内物质和能量的自我更新过程,包括物质代谢(生物体与外界环境之间物质的交换和生物体内物质的转变过程)和能量代谢(生物体与外界环境之间能量的交换和生物体内能量的转变过程)。能够推陈出新、变革成功者生;因循守旧、抱残守缺者败。会计发展永远在与时俱进的路上,会计思维应当善于吐故纳新。

推陈出新需要有外界触动或推动,更需要内在的物质转变过程或能量转变过程。经济越发展,生产的社会化程度越高,经济关系越复杂,追求利益的动力越强,会计工作就越重要。会计作为经济计量的支柱,不仅从内容到形式体现着各个经济时代的风貌,标志着社会文明的进步,而且对社会经济活动起着支撑作用,标志着一个时代或某个阶段的经济管理水平。在不同的历史发展阶段,存在着与社会互动的会计,这就是会计变革的历史演进。

6.4 融合思维与数据整合

6.4.1 业财融合思维与融合方向

业财融合意在以业务思维影响会计,以会计思维影响业务,彼此互利合作,相互渗透,获得双赢。能融合的思维是一种利用优势取长补短的积极思维。想"能",就会千方百计去实现"能"的目标。想融合,能融合,不仅可以融合好,而且有助于培育复合型的、精明能干的有用人才。融合思维成为会计行业运用新技术、融入新时代、实现新突破的导航性思维。

"智能会计"就是"智能＋会计","数智化"就是"数字化＋智能化",这些都是融合性很强的专业词语,是会计活动智能兼备、知行合一的发展方向。类似的例子很多:管理会计,泛指管理＋会计;税务会计,泛指税务＋会计;财税数字化平台,就是财务＋税务＋数字化……

"人机融合"或"人机合一"强调的也是融合。机械是人手的延伸,电脑是人脑的延伸,信息化的应用也是人机系统。没有人的介入,机器再先进,也难以奏效。智能会计的"未来"已来,无须过于焦虑,更不必担心被取代或被替换,人机协同才是开启未来"智能会计"的密码。

会计的融合强调实现对会计服务功能的拓展,在夯实会计工作传统的核算、监督职能,提供高质量会计数据的基础上,对内更好地与微观主体经营管理有机融合,对外更好地与宏观经济管理、财政管理有机融合,这是未来一个时期会计改革与发展的必然趋势。

会计的融合之道,就是走业财融合、算管融合、人机融合之路,这是我国会计改革的重要出路和重大突破口,是解决业财分离、算管独立等实务困惑的良策,更是走出传统"记账型"会计,走向未来"智能型"会计的认知基础和行动指南。

业和财如同一枚硬币的两面,是有机联系的。以销售产品为例,其过程包含广告、推销、出库、运输、售后服务等环节的商业行为。产品卖多少钱才合适,需要经过测算成本和利润来确定,体现会计分析与预判的价值。会计工作的价值应当体现在为业务服务上,并有助于实现业务的价值。没有业务经营就谈不上财务活动,财务活动可以使业务活动更有价值。例如,要不要做广告?要不要搞推销?会计上的本量利分析、最大最小法分析等对此很有帮助。

业财融合是业务管理与财务管理相结合的综合性工作的简称,通过加强合作,消除部门之间的信息壁垒,从而实现财务与业务的深度协作、优势互补,业务发展借助财务,财务发展融入业务,共同为企业创造价值。

融合是双向或多向的互动,包括融需求、合意见、融方案、合能力、融方法、合措施,妥善解决信息不对称、不及时等相关问题,实现业务数据和财务数据的互联互通,从而提供更全面、更准确的数据支撑。导致业财信息不一致的原因五花八门,包括行业壁垒、行政分割、信息分拆、资源孤岛、沟通不畅等。业财融合的落脚点在于"通"。会计人员在沟通上经常犯的毛病是"沟而不通",站在自己的角度说着只有自己才懂的话,没有业务意识和客户意识,也就没有沟通意识,长此以往,管理层就无法基于财务信息做出决策。

融合是要打通业务、财务、产业、价值链的壁垒,促进业务流、资金流、信息流、价值流的深度交流。一要打造内部生态圈,坚决消除企业内部的信息孤岛,破除数据壁垒,畅通融合的流程,连通各个板块、各个层级的信息系统,贯通全链条数据,实现数据自动记录、高效流转、实时共享;二要打造外部生态圈,广泛链接银行、征信、税务、工商等外部信息数据,全面掌握宏观动态、行业趋势以及各类企业的信用等信息,推动企业分析从定性走向定量,从静态走向动态,从局部走向全局。

华为的项目通常配有财务商务伙伴(BP),财务BP对业务的发展负责,与项目部门一起承担盈亏。如此工作重心的转换迫使财务人员转换思维方式和工作方式。财务BP只有在业务发展中采取科学的财务手段,才能帮助项目获得更高收益。华为将财务BP的职能概括为九个字:"在一起,懂业务,提建议"。"在一起"包括三层含义:①把财务BP配置到相应的组织中;②财务BP要与业务人员坐在一起;③财务BP的心要与业务在一起。"懂业务"要求财务BP更好地学习业务知识,做到"我是业务里最懂财务的,财务里最懂业务的"。懂业务要根据具体从事的岗位来要求。"提建议"分为两类:控风险和促增长。

任正非将业财融合称为"混凝土结构",并用这样的思维来凝聚人、要求人、用好人。他要求财务干部懂些业务,业务干部知晓财务,并有序开展财经和业务的干部互换。业务螺旋到财务,财务螺旋到业务,干部螺旋下去,基层螺旋上来,这样的螺旋运动能够形成一个非常坚固的混凝土体系。这种"混凝土结构"的组织形成能高效、及时、稳健地抓住机会,在积极进取中实现稳健经营的目标。

华为的财经工作被融入业务活动。从合同概算到项目回款、从产品规划到市场分析、从出差申请到费用报销、从资产管理到存货管理、从销售融资谈判到融资规划落地、从税务筹划到定价设计……华为要夯实财经基础而不只是财务基础。所有不熟悉业务的财务人员必须抽时间去学习业务,所有业务人员都要知晓财务,这样才能使纬线管理优秀起来,纬线的贯通使工作的运行效率加快。只有知道为谁服务,才能真正提供有价值的服务,才能深刻理解财务服务的意义。任正非还建议所有财务人员休假时去获取两次体验:一次是坐高铁往返深圳与北京。从北京到深圳的高铁有多少管理点啊,为什么你一点没感觉到就到深圳了?财务也要走向"高铁化",让别人感受不到财务在管理,但其实已经安全地让业务快速通行。另一次是看看东京转京都车站的七层地铁站,高铁转高铁只需要几分钟,除了流程运行快,交汇点也应该运行快。财务是确定性工作,把简单留给别人,把复杂留给自己,复杂的工作可以借助人工智能来完成。

6.4.2 算管融合思维与数字化应用场景

算管融合要解决管理滞后等相关问题,尤其不能习惯于停留在事后核算、事后分析,要千方百计事前核算、事前分析,进入事前控制领域。算管融合应当有效利用各种业务数据和财务数据,通过去粗取精、去伪存真、由此及彼、由表及里的解析与整合,挖掘数据背后的经营问题,主动向业务靠近和延伸,打破会计与业务、会计与相关利益者的藩篱,实现财务信息与非财务信息的联通、衔接和集成,从结合开始,通过磨合走向融合,包括应当解释或解决好业务或管理中遇到的难题。会计工作不能停留在"核算",还要着眼于"管理",算管活动不仅需要融合起来,在指导思想上为管而算,而且在行为过程和行为结果上应当殊途同归,达到算为管用,从而使会计工作更具有针对性,进而发现运行规律、智谋管理效能、提升经营业绩。

业务部门需要算管融合。在业务开展过程中,要有会计思维和风险意识,要清晰地认识到业务开展需要为企业创造利润和现金流、控制和规避风险。若能减少损失,则也是创造价值。

会计部门更需要算管融合。要深入业务活动,特别是将会计管理移至业务前端,通过对数据的预测和分析,反馈给业务部门和决策层,使企业的管理决策更加科学;同时,把握业务流程的关键控制点和潜在风险点,并实施有针对性的改进措施以降低运营风险。这就需要会计人员从事务性和审批性的工作中抽身,熟悉业务、深入业务,抓住关键控制点,在风险可控的前提下,灵活运用解决方案,创建更多数字化应用场景。

6.4.3 人机融合思维与数字化平台整合

人机融合包括人机协同、人机交互、人机共生,将是未来社会最基本的工作模式和生活方式。智能机器与人脑结合可以突破人类认知能力的极限,使得普通人能够处理海量、快速变化的信息,驾驭越来越复杂的事务。目前人们已经从数字平台、网络效应中获得深切的感受。数字平台的价值与其用户量高度相关,使用数字平台的用户越多,数字平台的价值就越大。随着计算能力、数据量和商业驱动力从量变到质变的跨越,人工智能技术将为各行业和各专业带来巨大的创新价值。

数字化转型需要整合优化,包括重新设计业务流程、精简各种程序、压缩文件数量、开发自动化决策流程、用新的数字技术手段提升企业的竞争力。在数字化时代,企业需要从数据层面理解客户痛点、完善产品功能和提升产品体验,快速响应客户需求,深度挖掘客户的潜在价值。企业的核心竞争力将取决于获取和利用数据的能力。但海量数据只是"金矿银矿",还不是"金银财宝",业财整合对盘活现存数据并发掘其价值具有强大的能动作用。成事在人,不在数据。大数据的价值不在于大,而在于主动发现并加以细化、整合与提升。

整合思维是一种成熟老到的心智模式,可以使人转变对冲突的看法,以利于达成思想上合心、工作上合力、行动上合拍。冲突就像物理学上的摩擦。摩擦可以生火,也可以让小提琴发出美妙的声音。摩擦可以带来新的事物,所以冲突可以是建设性的,能够产生新事物。整合思考的核心就是整合两个冲突的主张,冲突的本质其实是差异,而问题可能就是由差异组成的。冲突的主张可能具有其合理性,如果能够创造性地利用差异,冲突就可能变成好事。

依据数字技术手段建立的数智会计的系统边界相对模糊,其重要作用在于整合各方信息资源,所以其既开放又集成。例如,一些企业的数字化平台(数据中台)就是提供数据管理、数据标准化、数据加工和数据共享等服务的中枢平台,业务系统与会计系统无论在广度还是深度上都是融为一体的。这个大平台通过统一的、一站式的、全面融合性的数据加工、集成和整合等来实现数据标准化、集成化、共享化,成为赋能新业务、新应用的中间性、支撑性平台,有助于提升数据价值的实现能力。所以数字化平台需要技术融合、数据智能、应用赋能。

数字化转型需要依托融合与整合的力量一体推进,而不是某一个部门单打独斗。只有部门间协同工作,冲破"部门墙",才能快速聚集资源和能力。只有达成数字化共识,才有成功的数字化项目建设。只有体会了协同、共享、精益、赋能这些关键词的含义,才能深切感受数字化时代需要转变思维方式的重大现实意义。跨界融合、协同整合、共享致和必将成为数智系统效率的重要来源,由此合力推动会计转型不断攀登新的高峰。

第 7 章

价值思维＋提质增效

7.1 从会计价值说起

7.1.1 会计的核心价值观

会计工作应当始终聚焦经济建设这个中心和高质量发展这个主题，为经济建设提供高质量的会计信息，以满足经济社会持续发展的需求，这是会计的核心价值观。

会计的核心价值观是判断会计事务时所依据的根本性的是非标准和所遵循的基本性的行为准则，是决定会计价值认同、会计文化性质和会计发展方向的底蕴。高质量的会计信息及其优异的会计服务源于高水平的价值认同和思维趋同。本书所阐述的六大会计思维活动，包括如实反映、平衡制约、遵规守矩、谨慎执业、当家理财、价值衡量，以及与之相关的数智赋能活动，都是紧紧围绕会计核心价值观或为了达成会计核心价值所进行的理性思考和实践活动（如图7.1 所示）。

会计的价值不仅体现为提供信息量的多少，而且在于会计信息质量的高低及其作用的大小，包括能做些什么、做成了什么、有什么贡献。现代价值思维注重利他性，体现商业发展的文明程度。从利他角度看，他人有什么问题，你帮助解

图 7.1 会计核心价值观与会计思维

决了,就有价值。从企业角度看,管理中出现什么问题,你帮助解决了,就有价值。价值作用的大小与其不可替代性成正比。会计价值的独特作用是不可替代的,包括做别人做不了、做不好或不愿做的事,或把别人能做的事情做到优异、把自己擅长的事情做到卓越。

会计数字化转型不是目的,能够在洞察数据中获得更多认知、发现更多机会并实现更多价值(如提质增效、降本增利等)才是目的。数字化转型侧重于以数字技术为依托、为手段,以数据为核心要素去重塑企业的价值链和自适应数字生态系统,旨在通过对数据的深度挖掘,找到数据之间的内在关系和变动趋势等,使数据要素与其他生产要素实现高效有机协同,达成数据要素乘数效应最大化。

优秀的会计师具有产品思维或成果思维,并践行价值管理。产品思维是以产品为核心,把自己的产品放到市场上,经受挑选,获得检验,提供用户价值,最终收获价值。会计业务不只是对数据的"搬运",更应是对数据的整合、开发与创新。追求产品和成果,做事就能闭环,并保持以目标为导向。商业的本质是拿有价值的产品去交换,如果不能提供高质量的信息和高品质的服务,会计就会被市场淘汰。满意度决定着产品能够在市场上存活的时间和空间。按照复利计算公式,本金和收益率只是乘数,时间才是指数。把时间分配给能够增加价值的事情,复利的作用才能充分显现。

7.1.2 会计价值的多元认知与深度思考

只考虑行动本身的思维是单一的,联系行动背后的动机(目的)是相对成熟的,能从价值层面深究才是深层次的。对价值的认知是多元递进并不断深化的。

(1) 关注会计信息质量的高低

会计主体行为与会计客体的真实性和规律性之间达到统一和谐的程度可以彰显真实可靠性的境界。真实可靠与否是对会计价值观的认知基础。会计的首要价值就在于其提供的信息与所反映的经济行为实质之间的关系:能够反映经济行为的实质,就是真实可靠的信息,具有高价值;如果与经济实质存在较大差异,信息的价值就会大打折扣;如果与经济实质背道而驰,信息就只有负价值。无论如何,会计的行为后果既不能掉价,也不能减值,而应当争取既涨价又增值。

(2) 关注会计信息使用者的满意程度

会计最基本的关系是受托责任关系,包括会计人员与经营者、投资者之间的受托责任等。会计信息所面对的会计公众,包括投资人、经营者、债权人、客户和政府监管部门等。只有既履行受托责任,又赢得会计公众的理解,会计的价值才能充分显现。会计有用与否,能否满足需求,决定了会计所具有的价值的大小,社会公众是会计价值的"裁判员"。

(3) 关注会计工作者的认同程度

对工作的人来说,最幸福的事就是对自己的工作充满热情。能够将个人的兴趣爱好与职业目标高度统一,其价值肯定是高的。成为价值型会计人员,要有"择一事,终一生"的倾心专注,"偏一厘,不敢安"的一丝不苟,以及"千万锤,成一气"的坚持不懈。[①]

(4) 观察会计职业选择的趋向

"人各有志"中的"志"体现在职业选择上具有明确的目的性和自觉性。过去,会计是"万年青"的职业的观点使报考者趋之若鹜。价值来自被接受或被肯定的程度。

多元视角的价值认知是会计人员在一定范围一定阶段的主观期许,透露出对会计的一些真知灼见。例如,将以下要点归纳为会计价值观的核心内容是有意义的:一是坚持遵规守矩、依法履职,不把个人得失作为专业活动、专业判断的出发点;二是坚守诚信担当、尊重事实,不发表没有客观依据和逻辑支持的意见;三是保持终身学习、独立思考,只就自己熟悉的专业领域发表意见;四是保证客观公正、稳重从事,不违法乱纪或违背良知。

7.1.3 会计的经验很有价值

优秀的会计师十分稀缺,专家的经验和专业的方法很有价值。数智化转型并不是放弃人的经验,而是善于将经验与数据分析相结合,形成更理性的认识和更睿智的想法。数字化的重要价值就在于使经验和方法在整合过程中得到提升。

会计是经验型的专业技术职业,熟能生巧,巧能生精,精能入道,如此日复一日地长期坚持,在复利效应下就能融会贯通,产生有经验、有态度、有想法的

---

① 杨笑.向价值型财务人进发[J].财务与会计,2023,(12):85.

"思想资本",这是会计人员的立身之本和难以被替代的竞争之魂。其中:经验来自跌宕起伏的经历和挫折教训的提炼,态度源于稳健成熟的性格和久经沙场的考验,想法根植于个性化的体验和独特的思维,三者虽内在关联,但因每个人走的路、吃的苦不同而差别很大。例如,会计职业判断能力就与一个人的学习能力、生活阅历休戚相关,是持久积累的凝聚,因而很有价值。人们尊称有经验的会计师为"老法师",是因为"老法师"有亲身经历、有经验教训、有认知价值。经验经过深化可以上升为理性认知,提炼成思维的精华和智慧的结晶。经验积累型的认知过程如图7.2所示。

图 7.2 经验积累型的认知过程

会计的成熟在于深思熟虑。成熟需要沉淀,需要对经历过的人、事、物进行深度思考。信息输入+会计思维=有效输出。成熟不一定是棱角被磨平的结果,也可以是让自己的个性和原则扎根于内心,用多赢的智慧去解决冲突,既能中立地保留独立的性格,又能愉悦地与人相处,既不咄咄逼人,也不畏首畏尾。

新商业模式的发展在带来新机遇的同时,会产生新的问题和风险。面对复杂多变的环境和外部的不确定性,需要成熟老练的会计来做出既稳重又敏捷的应对。传统的事后核算型管理方式已经不适应这种需求,需要向业务端前移,在业务决策时提供分析和风险提示,做好规划,降低风险。尤其是通过大力发展管理会计,有机融合财务与业务活动,向管理要效益,向内部挖潜要效益,向价值创造转型,充分发挥会计在支撑战略、支持决策、服务业务、创造价值、防控风险方面的作用,以促进管理红利尽快释放。

会计的融合在于能够成为"财务中的业务专家"。目前,会计部门正在重塑新的功能和形象,成为懂基本业务的会计部门,在参与业务活动的过程中,主动为业务部门提供决策的信息支持;同时,会计人员要成为培训师,培养业务人员具有基本的财务思维和会计知识，使他们能够成为"业务中的财务专家"；在不断解决业务与财务矛盾的过程中，将两股力量拧成一股绳，使会计人员成为受企业欢迎的专业人员。

　　有过财务职业经历的领导通常具有谨慎稳健的风格，并具有系统性思维和全局性思考的能力，因而具备一定的竞争优势。著名的《财务总监》杂志调查发现，全球财富 100 强企业中，55% 的 CEO 有财务背景，其中 23% 的 CEO 持有会计证。石油大亨约翰·戴维森·洛克菲勒（John Davison Rockefeller）是从记账员开始做起的，顶级的服装设计大师皮尔·卡丹（Pierre Cardin）毕业后的第一份工作就是会计。[①] 上海国家会计学院 CFO 研究中心副主任邓传洲评论说："《财富》500 强的企业中，大约有 1/3 的 CEO 扮演过 CFO 以及类似的角色。可以说，由 CFO 接任 CEO 已经成为一种管理趋势。"[②]京东集团副总裁蔡磊，兼益世商服和云京科技的董事长，2004 年毕业于中央财经大学税务系，深耕于财税领域，成为中国电子发票的推动者，曾荣获 2014 年度中国税务十大杰出人物，2014 年、2016 年、2017 年中国十大财会人物，2016 中国财资管理杰出贡献奖，2018 中国互联网＋财税领军人物，2018 中国十大资本运营 CFO 年度人物等称号。华为的孟晚舟 1993 年于深圳大学会计系毕业，1998 年获华中理工大学管理学财务专业硕士，曾历任财务部门多个高级职位，包括销售融资与资金管理部总裁、账务管理部总裁、华为香港公司首席财务官，以及国际会计部总监。2018 年孟晚舟出任华为副董事长，2023 年 4 月起其担任华为轮值董事长。

　　不少 CFO 向 CEO 的转型之路，既有平台的机遇，也是自身寻求改变的结果。任正非以为，称职的 CFO 应随时可以接任 CEO，为什么？一是 CFO 是董事会成员，同时向 CEO 和董事会汇报工作，CFO 和 CEO 是伙伴关系，在董事会互相协调、互相支持、携手共进。二是从战略规划角度看，CFO 主导完成财务战略等，参与公司整体的战略规划，层面较高、较多、较全。从战略执行层面来看，CFO 通常会跟各个业务部门协调，与体系流程协调，参与的业务范畴更具体、程度可能更深。三是公司管理包括业务、资金、体系流程、人力资源等方面，而 CFO 参与了内部控制体系及其流程的设计，且参与管控的面相当广泛，这是

---

　　① 这个世界正在奖励有"财务思维"的销售［EB/OL］.（2021-08-26）［2024-02-28］.https://zhuanlan.zhihu.com/p/403807023.

　　② 由 CFO 接任 CEO 已经成为一种管理趋势［EB/OL］.（2022-06-16）［2024-02-28］.https://www.sohu.com/a/557767470_120308941.

其成为CEO的重要基础。CFO的系统会计思维有助于理解企业管理的全局，两者的有机结合将使管理如鱼得水。

7.1.4 会计价值的实现过程

(1) 在核算中发现价值——价值确认基础

各项业务活动(包括数据化活动)是否产生价值，需要会计进行确认、计量、记录和报告。会计对盘活现存数据并发掘价值具有强大的能动作用。通过会计核算，既有助于梳理数据、发现价值，又可以加强核算、防范风险、管控价值，还可以为价值分配提供依据。大数据的价值不在于大，而在于主动发现并加以细化、发掘和提升，其中，会计思维发挥着积极的能动作用。

企业是一条由各项作业连接而成的作业链，通过挖掘成本等数据信息可以识别哪些作业是有价值的(增值作业)、哪些作业对价值增值作用不大(非增值作业)，并将非增值作业从企业价值链中剔除，以突出核心能力和竞争优势，促使企业各项作业活动达到价值增值或价值最大化。

会计思维是具有理财头脑的思维活动之一，会计人员会想方设法发挥各种资源的最大效用，或力图以最小的经济代价获得最大的经济利益，如善于开源节流以带来增值，或增加可量化的现金结余额等；还能够细致分析，找到推动事情发展的关键点，用小资源撬动大资源——杠杆思维。会计信息对分析利弊得失和完善预测决策大有用处，已经成为企业价值的发现者和企业成长的推动者，也就是说，会计首先是价值发现者，然后通过业财融合等程序去实现价值。

(2) 在监管中维护价值——价值保障功能

错误的信息将误导行为，"干净"的数据才有价值。价值的实现隐含着持续不断的维护与监管。会计信息对经济活动过程和结果的归纳、反映、呈现都应当是主动参与式的，浪费和损失就是消耗资源而没有创造价值甚至在摧毁价值，必须想方设法减少或杜绝此类情况的发生。会计通过规范的内部控制和风险管理活动，不仅理顺了管理流程，而且减少了损失和舞弊的风险，从而树立起价值维护者的形象。

(3) 在融合中整合价值——价值挖掘机制

懂业务让财务在中高层站稳脚跟，懂战略让财务在董事长和总经理面前获得尊重。这才是真正创造价值的财务。会计创造的价值大多是隐性的，如及时有效的会计信息为决策提供支持，周到细致的可行性研究为投资提供帮助等。

但也有显性的,如不断厘清资金的来龙去脉并最大限度地节省资金;通过加速资金周转和提高运营效率来变相节约运营成本;通过研究税法,既规避税务风险,又有效税务筹划,从而合理合法地监督税负;等等。从信息时代到数字时代,数据由记录业务逐渐转变为智能决策,成为持续发展的核心引擎。未来的数据资产管理将朝着统一化、专业化、敏捷化的方向发展。会计在提高数据资产管理效率、主动赋能业务、推动数据资产安全有序流通、持续运营数据资产等方面具有整合作用,能够充分发挥数据资产的经济价值和社会价值。

(4) 在挑战中创新价值——价值乘数效应

数智可赋能,赋能要增值。数据具有规模报酬递增、非竞争性、低成本复制等特点,作用于不同主体,与不同要素结合,能够提高各类要素之间的协同效率,找到资源配置"最优解",产生不同程度的倍增效应。之前谈互联网时,业界用的词语是"互联网+",现在用的是"数据要素×","×"(乘)和"+"(加)之间的功能大小差异显著。价值乘数效应或价值创造能力是企业核心竞争力最重要的体现。会计需要放大视野,通过信息集中、资金集中、管理集中等集约化管控,以融合、整合推动量变、质变,以协同、高效实现全局优化。

数智化打破原有的认知模式,将已有的知识整合到新的情境中,形成新的想法,有新的创造。灵感是以已有的经验和知识为基础,在意识高度集中后产生的一种极为活跃的精神状态,是创造性思维活动的一种特殊状态,是对艰苦劳动和经历经验的奖赏。价值往往是在挑战中得以体现与实现的。熟悉的领域固然轻松,却容易使人陷入平庸。不想停滞不前,就去努力应对各类挑战。尤其是高质量的信息,既是会计产品思维的精髓,又具有无限的能量,从而产生辐射作用或乘数效应。

7.2 价值思维与价值创造

7.2.1 价值思维的要义

当遇到择优问题或举棋不定时,会计人员往往会自问:有经济成果吗? 是否保值增值? ……这是会计价值的思维,其要义大致如下:

(1) 要能保值增值

值不值是价值思维的基础。增值的前提是保值,在保值的基础上谋求增值。小钱能变大钱是因为你"值钱"——能攒钱或赚钱。赚钱是看得见的外在行为,值钱是内在的修为与积累。"值"指一个人站直了。站直的人自信、自立、自强,就"值钱"。财富会流向最匹配它的人——高价值的人。所以不能只顾着赚眼前的钱,只看到眼前的产出,而不愿意在品牌(值钱)方面进行投入,不去让自己更"值钱"。与其依赖别人,不如依赖实力和影响力。品牌是长期建设的成果,只有长期积累才能看到效果。

(2) 要有可靠的现金净流入量

有经验的 CFO 以为,理财的关键在于提高收益质量。五指收于掌心,经营归于现金。要利润,更要现金流量。会计管理强调以现金为王,以流量为重,因为这是理财的制胜法宝。

净值(净赚)多少很重要。经营现金净流入量是根据收付实现制编制的,是通过经营活动现金流入减去经营活动现金流出计算而来的。净利润是一定期间收入减去成本、费用后的经营成果,是根据权责发生制编制的。如果净利润是正的,经营活动现金净流量就同样为正,且高于净利润,表明利润的含金量高,或称之为收益质量高。

现金净流入量和净利润都是企业的经营成果,都是分析财务状况的主要指标。"净值"可以被理解为资产的有用性,其大概率是可以被收回或者使用的部分。净值区别于账面价值(名义价值/原价)而存在,主要考虑减值准备、潜在亏损、或有损失等因素。净值思维在价值思维中具有特别突出的意义。

(3) 要能坦然面对(向)未来

未来有没有增长的潜力是必须考虑的。会计思维中蕴含着客观面向未来的思维。例如,会计所定义的"资产",是预期可以为企业带来现金流入的权利;会计所认可的负债,是预期会使企业发生现金流出的义务。预期不会带来价值的资产,在会计人员看来是废物,甚至连废物都不如,因为会发生处置费用等;预期不会使企业发生经济利益流出的负债,在会计人员看来不足为虑。能够客观面向未来是一种自信、责任和担当。

7.2.2 会计价值思维与赚钱的逻辑

赚钱的秘诀在于理解交换的本质,赚钱的逻辑在于为他人创造价值的同时为自己创造价值。无论谁想要赚钱,都先要清楚自己能为他人解决什么问题、提供怎样的价值。只有先让自己变得有价值,才能赚到钱。有价值的,才是有价格的。

会计价值与赚钱思维相关,因为它们的对象都是资金及其管理效益,即与钱相关的各种资金活动及各种利害关系。资金活动包括资金筹集、投放和营运等一系列资金收付行为和业务流程。利害关系包括有利的和有害的、直接的和间接的。

各种会计要素及其会计科目都是以货币来计量的,各种会计指标也是以钱的多少来衡量经济利益的。资产被理解为可以变成钱的东西,负债被理解为需要还的钱,股东权益是上述两者相抵后剩下的钱。资产的价值就在于值多少钱。金钱越来越多,最终都会归集反映在会计报表中。

钱是一般等价物,被印在纸币上,标明一元就应该是一元钱的价值,但反映在报表上或在使用过程中就不一定了。尤其是沦为赚钱的工具后,如何取之有道就是个问题。

会计的日常业务活动就是与资金管理打交道,与金钱思维紧密相关。钱未必是会计追逐的理想,但钱能够体现价值,助力人们实现理想,所以金钱思维可能导致赚钱意识。不同的人具有不同的经济头脑和不同的理财思维,因而赚钱的意识也不一样。如果认为价值就只是赚钱,那追求的就是一种短期行为,会忽视时间价值和风险价值的作用。所以,金钱思维不等于理财思维,也不等于价值思维。价值管理被称为基于价值的企业管理,是以价值增长为目的,以管理决策为手段,整合各种价值驱动因素和管理技术的综合管理模式。

钱财本身并非邪物,但搞不好就可能变成邪物,所以钱财成为检验人性的试金石。人不应把钱财带进坟墓,钱财却可能将人推进坟墓。"君子爱财,取之有道",说的是有才德的人喜欢在正道上得到钱财,不要不义之财。这里的"道"是合法之道、规矩之道。先贤孔子以为:有钱有地位,这是人所向往的,但如果不通过正当的途径,君子是不接受的;贫穷低贱,这是人所厌恶的,但如果不通过正当的途径,君子是不摆脱的。君子一旦离开了仁道,还怎么成就好名声呢?所以君子任何时候,哪怕是在吃完一顿饭的短暂时间里也不离开仁道,仓促匆忙的时候是这样,颠沛流离的时候也是这样。[①]

7.2.3 价值创造与共享价值

价值创造即企业的业务活动所产生的收益大于付出的成本费用,通常以货

---

① 子曰:"富与贵,是人之所欲也,不以其道得之,不处也;贫与贱,是人之所恶也,不以其道得之,不去也。君子去仁,恶乎成名?君子无终食之间违仁,造次必于是,颠沛必于是。"(《论语·里仁》)

币的形式表现为净利润或净现金流量的增加。要实现企业价值的增加，既要考虑业务活动能取得的收益，又要考虑相关的成本费用和可能的风险损失等。

能创造价值，就说明企业的业务活动存在正当性和有用性，至于为谁创造价值、创造什么价值、如何创造价值，则大有讲究。

基于股东至上原则，以前对投资、融资、分配和业绩评价均以能否为股东创造价值为依归（股东财富最大化）。伴随着ESG理念①的倡导，价值创造的观念将发生三大变革：价值创造导向将从一元向多元转变，共享价值最大化将取代股东价值最大化；价值创造范畴将从内涵向外延拓展，更加注重统筹兼顾经济价值、社会价值和环境价值；价值创造动因将从内部向外部延伸，社会和环境因素对价值创造能力的影响日趋明显。会计价值应当将新发展理念融入其中，引导企业择善而从、向善而行。

蛋糕不大，拿什么来分？发展是硬道理，要将"做大蛋糕"看成"分好蛋糕"的物质基础。会计应当支持业务不断发展。从"创造价值"到"创造共享价值"，尽管只是两字之差，但是蕴藏着价值观的嬗变。创造共享价值秉承的是"做蛋糕"而非"分蛋糕"更不是"抢蛋糕"的观念，其逻辑基础是创造共享价值以促使企业致力于构建利益共同体，妥善处理好股东与其他利益相关方的利益关系，通过利益均沾而不是一家独享的价值分配机制，调动包括股东在内的各利益相关方的积极性，促使他们投入更多资源和要素或购买更多产品和服务，共同做大企业的价值"蛋糕"，增大各利益相关方的价值总量，从而实现合作共赢的可持续发展目标。会计由此还要学会"分好蛋糕"，寻求适合自身发展需求的最优解。"分好蛋糕"也是进一步"做大蛋糕"的基础。能够把"蛋糕"做大、分好的思维就是一种多赢思维。

7.3 提质思维与数智升级

7.3.1 会计发展以"提质＋增效"为方向

处于高速增长转向高质量发展的攻关期，转变发展方式、优化经济结构、转换增长动力的变革必然引起会计目标和会计理念的转变，并对会计信息披露提

---

① ESG是环境（Environmental）、社会（Social）和公司治理（Governance）的首字母缩写，是衡量企业是否具备足够社会责任感的重要标准。企业道德、环境等非财务领域的风险已经成为投资中不可忽视的重要风险，通过ESG投资的负面剔除法可以有效避免"踩雷"。

出新的更高需求。我国经济建设的发展趋势是持续推动经济实现质的有效提升和量的合理增长,尤其是提高新质生产力——一种由技术革命性突破、生产要素创新性配置、产业深度转型升级而催生的当代先进生产力。为此,会计如何坚持质量第一、效益优先的理念,寻求增加会计价值的路径,是最重要的思维方向。

会计价值最直观的表现是能否与经济发展协同联动,为经济发展提供高质量(高收益)、低成本(低支出)的解决方案。经济发展决定着会计的发展方向,会计解决问题的水平直接影响着经济的结构和质量。

会计价值的数字化,是将价值活动中的各个环节进行数字化赋能和行为性优化,向增值会计服务的方向拓展,并实现价值管理智能化。会计转型应当掌握价值实现过程的数字化思维及其精髓实质,理解其重要的运作方向是"提质+增效"。

会计提质就是要不断提高会计信息的质量,并聚焦提供高质量会计信息的目标,这是本源性或根本性的问题。信息质量如何,检验着产品的价值量和社会需求度。本书集中较大的篇幅专题讨论如实思维、平衡思维、合规思维和谨慎思维等内容,其宗旨就在于借助正确思维的力量,推进正确的行为措施,不断提高会计信息质量。信息质量不高,甚至出现信息失真和会计舞弊是影响会计行业发展的症结。

以智提质增效,以慧扬长避短,就能彰显会计的精明能干。唯有如此,前行之路才能越走越宽,越走越顺畅。

7.3.2 会计信息的提质思维

拿到数据想当然地就用,这是很粗鲁的。在数字经济时代,数据是否有质量是值得警惕的事。数据的质量是分析数据和使用数据的基石,重视提质思维首先要重视数据的质量及其相关性等问题。

提质思维的基础在于满足会计信息的完整性、连续性、系统性等基本要求。完整是指会计核算对属于会计内容的全部经济业务都必须加以记录,没有遗漏、损坏或残缺,不允许账外设账。连续是指对各种经济业务应按其发生的时间,顺序地、不间断地进行记录和核算。系统是指对各种经济业务要进行分类核算和综合核算,并对会计资料进行整理,以取得系统的会计信息。

提质思维的重点在于掌控数据或指标的信度与效度。信度是指数据或指标自身的可靠程度,至少包括准确性和稳定性。准确性包括:取数是否合法?逻辑是否正确?有没有计算错误等?稳定性包括:每次计算的算法是否稳定?口径是否一致?以相同的方法计算不同的对象时是否有波动等?效度是指数据或指标的生成需贴合它所要衡量的事物,即数据或指标的变化能够反映或代表该事物的变化。只有在信度和效度上都达标,才是一个有价值的数据指标。

提升数据的信度与效度肯定会涉及会计思考的维度,包括实际发生思维、完整性思维、可理解性思维、相关性思维、可比性思维、实质性思维、重要性思维、及时性思维等,这些思维与高质量的会计信息相关,属于系统性思维范畴,应当经过整理、整合并予以综合平衡(如图7.3所示)。具体而言,可以从以下几个维度来进行会计思考:

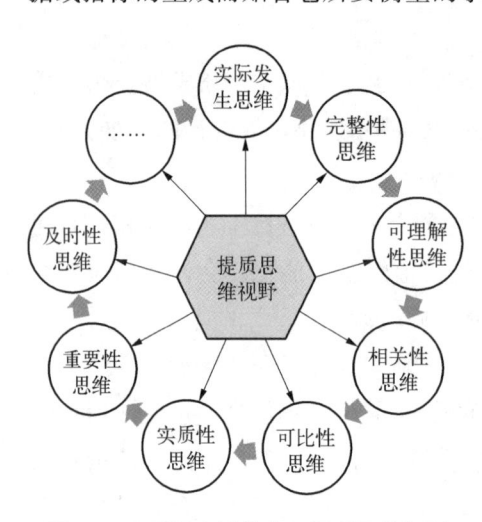

图 7.3 高质量会计信息与提质思维视野

① 实际发生的,是可靠有用的。会计应当以实际发生的交易或者事项为依据进行确认、计量,将符合会计要素定义及其确认条件的资产、负债、所有者权益、收入、费用和利润等如实反映在财务报表中,不得根据虚构的、尚未发生的交易或者事项进行确认、计量和报告。

② 内容完整的,是可靠有用的。会计信息的完整性,包括应当编制的报表及其附注内容等应当保持完整,不能遗漏或者随意减少应予披露的信息等。

③ 清晰明了的,是可靠有用的。提供会计报告及其相关信息的目的在于使用,因而所提供的内容应当含义清楚,内容明白,便于理解和使用,只有这样,才能提高会计信息的有用性,满足向投资者等使用者提供决策有用信息的需求。

④ 信息相关的,是可靠有用的。会计信息是否有用、有价值,还在于其是否与使用者的决策需求相关,有助于决策或者提高决策水平的相关会计信息才具有反馈价值和预测价值等。

⑤ 能够比较的,是可靠有用的。为了全面、客观地评价过去、预测未来,从而做出决策,会计信息应当可比。企业应当采用一致的会计政策,不得随意变更;还应当采用规定的会计政策,确保会计信息口径一致、相互可比。

⑥ 体现实质的,是可靠有用的。企业应当按照交易或者事项的经济实质进行会计确认、计量和报告,而不能仅以交易或者事项的法律形式为依据。

⑦ 比较重要的,是可靠有用的。重要性的应用需要依赖职业判断,企业应当根据其所处环境和实际情况,从项目的性质和金额大小等方面加以判断。

⑧ 及时有效的,是可靠有用的。会计信息的价值在于帮助使用者做出经济决策,因而会计信息具有时效性。一要及时收集信息,即在经济交易或者事项发生后,及时收集和整理各种原始单据或者凭证;二要及时处理会计信息,及时对经济交易或者事项进行确认或者计量,并编制财务报告;三要及时传递会计信息,便于及时使用和决策。

透视上述维度,如实思维实质上是整个会计系统性思维的底座、提质思维的基石、高质量会计信息体系中的关键要素,在会计系统思维中必须一以贯之、持之以恒。会计工作必须慎终如始。只有同时满足以上诸多方面的思维路径与方法,才能不断满足提升可靠度和可信度的要求。

7.3.3 扬长避短与思维升级

尺有所短,寸有所长。会计提质所强调的是聚焦当前会计行业发展中的短板、弱项,着重提升会计、审计工作质量,以满足经济社会发展对高质量会计、审计信息的迫切需要。会计的应变之道在于扬长避短、取长补短,通过更新思维来提高认知,准确应变,主动求变,积极适变。

会计人员在数字化转型过程中,一定要善于把握立与破的辩证关系,先立后破,做好"加""减""乘""除"法,促进会计价值不断提升。

做好"加法",拓展会计领域,加大专业责任。通过业财融合,做一个熟悉业务的会计专家,通过细致规范相关工作流程,不断提高会计人员的事业心和责任感,使其成为当家理财的多面手。用好"+"号,可以为会计价值添砖加瓦。

做好"减法",在减负中提高管控效果。会计人员要自觉融合信息化与智能化,并从减负中不断受益。通过自动化的控制系统,不断提高做事标准,使会计人员成为行家里手。用好"-"号,可以让会计工作如虎添翼。

做好"乘法",促使数字化功能不断扩大。会计的作用不仅体现于核算和监督过程,而且要在预测、决策、当好领导参谋等诸多方面发挥系统信息的辐射功能与综合作用。用好"×"号,可以增强会计信息的增值效能和数字化的乘数效应。

做好"除法",扩大投入产出效益。通过有效审核和查账,减少差错,堵塞漏洞,除去隐患;通过分类整理各种信息,提取有价值的数据,除旧布新;放大各项产出指标除以会计投入得出的百分比,可以提高相关资源的使用效率。用好"÷"号,有助于兴利除弊。

现代信息技术已经为会计信息实现网络化、无纸化、智能化奠定了基础,会计又与经济彼此照应,由此会计人员更应当学会固优势、补短板、强弱项、防风险,才能趋利避害、持续发展。

一要注重应用,化繁为简。数智化的价值在于有效应用,并能够化繁为简,将重复的、不相关的、不重要的剔除,只保留与目标最相关的因素,从而直接找到解决问题的办法。简化的才一目了然,人为深奥可能是没有看穿实质或没能抓住关键,只有少数人或少数机器才懂的一定不能普及。所谓"成熟",应当是易于理解、方便操作的,或者说,复杂的经济业务经过会计人员的加工能否为大多数人所理解和应用,是检验会计理论与会计政策究竟为谁服务及其是否成熟的重要标志。凡是合规的,就可以操作;凡是违规的,就不能操作;凡是临界的,就应当予以警示。数智化绝不是将问题复杂化,而应当是判断简便、理解简便、操作简便。

二要数实融合,协调兼容。数据化一定要与实体经济、会计思维深度融合,且对治理体系与经营管理的各个环节和各个方面进行广泛协调。数据规范化建设过程离不开财务部门、业务部门、技术部门共同探讨,数据规范有助于统一数据接口,解决好兼容性问题。在此过程中,会计具有得天独厚的配套措施和护航优势,可以与法规制度一起发挥协同高效、包容审慎的监管作用,包括事前自动化检测一项行为或一份报告是否周密地考虑了合规性的要求,事中实时监控行为实施过程及其具体内容的合规性,事后判断并报告合规要求的落实情况及其后果等。

三要善于定规立矩,协同共治。数据规范是数据标准、数据安全和数字化转型的重要根基。以数字为基础、以事实为根据、以法律为准绳,可以成为系统之间、部门之间沟通与交换的基础,也是确保对同一对象的理解一致的基础。会计监督要主动与各类监管机制贯通协调,健全信息沟通、线索移送、协同监督、成果共享等工作机制。尤其要善于加强与行政监督、司法监督、审计监督、统计监督的协同性和联动性,加强信息共享,推动建立健全长效机制,形成监督合力,打造具有权威性和震慑力的"多元共治"新格局。

7.4 增效思维与价值衡量

7.4.1 增效思维与增效方向

会计管理要出成果,就要提升效能。效能是指事物所蕴藏的有利的作用,包括行为目的和手段方面的正确性与效果方面的有利性,具体体现在效率和效益高低的现实性指标、效率和效益提升的潜在性指标等方面。

从获取数据资料到形成会计信息,其生成过程的自动化流程提升了会计信息的处理效率,但会计信息生成过程绝不是简单的记录过程,其复杂程度需要专业思维和职业判断来确认并承担责任。预测、决策、分析等信息使用的高级认知来自人脑的智慧,如管理会计应用的关键就在于有"管理+会计"的思维。联系会计的职能作用来分析会计的投入和产出,以增强会计信息的有用性和会计服务的增值性,这应当成为会计增效的主要路径。也就是说,会计增效所强调的是在抓好会计质量建设的同时,注重增强会计管理工作的效能,为提升国家治理体系和治理能力现代化水平做出应有的贡献。

但从目前会计作用的内涵和社会需求来看,会计的现实表现还不十分令人满意。一方面,会计失真的现状和会计舞弊的案例促使人们不断对会计的可靠性提出疑问,会计的诚信正在不断受到冲击;另一方面,会计人员如果仍旧坐在办公室里充当"账房先生"的角色,其在经营管理中的地位与作用就会受到严重的挑战。

如何增强会计工作的效能?会计的管理活动要怎样才能越来越有用?自2014年以来我国财政部大力推行管理会计,一个很重要的原因就是会计的有用性功能似乎在不断减弱。会计的相关性问题之所以一再被人们提及,是因为有人怀疑会计的现实作用。

会计究竟是在衰退还是在前进?托马斯·约翰逊(H. Thomas Johnson)和罗伯特·卡普兰(Robert S. Kaplan)认为,面对如今快速变化的技术环境、激烈的国内和全球性竞争以及迅速增强的信息处理能力,现有的管理会计系统已经有些过时,难以满足企业的需求,失去了决策的相关性。[1]

会计究竟是在没落,还是在复兴?巴鲁克·列夫(Baruch Lev)和谷丰

---

[1] [美]托马斯·约翰逊,罗伯特·卡普兰.管理会计兴衰史——相关性的遗失[M].北京:清华大学出版社,2004.

(Feng Gu)在所著的《会计的没落与复兴》中通过对美国钢铁公司的两份会计报表的对比,展现了现行会计报表所揭示内容本质上停滞不前的现实,从而认为:过去数十年间,财务报告对资本配置、投资效益的有效作用持续减退,并从各个层面阐明现行财务报表信息对投资决策的有用性早已严重退化。追根溯源,会计相关性减退的原因如下:在外,现实世界已经从大机器时代跨入数据时代;在内,会计角色本身既有缺位,也有错位。①

进入新经济时代,会计信息能否与投资者的决策继续保持相关性,是会计界十分关注的重大问题。黄世忠从决策有用观和受托责任观的视角,分析了会计信息相关性在新经济时代不断下降的事实,指出旧经济时代制定的会计准则到了新经济时代开始出现"水土不服",僵化过时的会计规则无视无形投资的资本支出属性、平台资产的网络效应现象、行业地位的经济价值差异、用户聚集的边际成本递减、数据资产的价值创造功能、智慧资本的内在经济价值,导致会计信息相关性日益降低。②

近年来,我国政府一再提出一系列严峻的问题:如何实现从粗放增长型向集约发展型转型?如何从重规模速度向重质量效益转型?如何从低成本优势领先向综合实力提升转型?在会计领域,需要大力加强管理会计工作。在财政部的力推下,我国开始实行企业产品成本核算制度,全面推行管理会计体系,旨在培养和造就一大批管理会计人才,释放管理因素在经济转型中的巨大潜力,打造中国经济升级版。2014年10月27日财政部在《关于全面推进管理会计体系建设的指导意见》(财会〔2014〕27号)中认为,管理会计是会计的重要分支,主要服务于单位(包括企业和行政事业单位)内部管理需要,是通过利用相关信息,有机融合财务与业务活动,在单位规划、决策、控制和评价等方面发挥重要作用的管理活动。

7.4.2 会计指标及其价值导向性

会计效能可以通过会计指标表现出来,指标具有价值导向作用。采用指标思维可以引导人们思考:究竟什么才是价值?究竟如何才能衡量价值?

会计指标衡量会计效能通常以绝对数和相对数等数据形式表示。指标思

---

① [美]巴鲁克·列夫,谷丰.会计的没落与复兴[M].北京:北京大学出版社,2018.
② 黄世忠.旧标尺衡量不了新经济——论会计信息相关性的恶化与救赎[J].当代会计评论,2018(11).

维的抽象度高、概括力强，包括偿债能力、运营能力、盈利能力和发展能力等指标。

依据利润表观分析，利润指标简洁明了。利润是收入的质量，是指企业在一定会计期间的经营成果，按其构成的不同层次，可划分为营业毛利、营业利润、利润总额和净利润等。利润是衡量企业优劣的一个重要标志，是评价企业管理层业绩的一个重要指标，也是投资者等报告使用者进行决策时的重要参考。日常增效的路径主要是通过净利润的积累带来股东权益的稳步增长；特别的路径是股东权益通过交易实现跃升，如现实中新一轮融资推动企业价值爆发式增长等。

依据资产负债表观分析，净资产比净利润更全面。净资产不仅体现股权的价值，而且包含对净利润的考量，还有助于关注资产和负债的质量。树立资产负债表核心地位的理念，可以引导企业注重长期可持续发展能力。特别是通过计算与分析经济利润，排除了所有者投入和分派给所有者等方面的因素，期末净资产与期初净资产相减后的差额就是经济增加值，这是真正的经济效益。企业的目标应是长期经济利润最大化。

依据现金流量表观分析，净现金流量比净利润更重要。由于实现的利润并不一定已取得现金，仍存在收不到现金而发生坏账的可能，且利润受人为调节的空间较大，因此净现金流量比净利润更为全面、更为有用、更为真实，是利润质量的体现。不少企业之所以破产，并不是因为资不抵债，而是因为资金链断裂，所以会计人员应当特别注重资产的变现能力和负债的偿还时间。净现金流量是指一定时期内，现金及现金等价物的流入（收入）减去流出（支出）的余额，反映本期净增加或净减少的现金及现金等价物的数额。

我讲授会计师"财务管理"课程和注册会计师"财务成本管理"课程二十多年，跟随教材的指引，对利润指标做过不少批评：一是利润指标虽然反映了当期经营活动中投入与产出对比的结果，在一定程度上体现了经济效益的高低，但它是绝对数，缺乏可比性，没有反映创造的利润与投入的资本之间的相关关系等；二是没有考虑利润实现时间和资金时间价值；三是没有考虑风险因素，可能导致企业出现短期财务决策倾向，影响企业的长远发展。尤其是在会计利润的计算过程中，运用了大量估计和判断，如固定资产折旧、应收账款坏账等，带有主观判断和人为色彩。所以，教材中一般推荐净资产利润率（每股利润）或股东财富最大化指标。净资产利润率（每股利润）是相对数指标，与利润相比，其考虑了风险因素,且在一定程度上能避免企业实施短期行为,因为不仅目前的利润会影响股票价格,预期未来的利润同样会对股价产生重要影响;对上市公司而言,股东财富最大化目标比较容易量化,也便于考核和奖惩。

指标设计要贴近价值思维,体现以价值为纲的理念、政策和规则。理论上讲,企业价值是企业有形资产和无形资产的市场评价,不是指利润或营业额,也不同于资产总额或净资产价值。但在实际工作中,人们往往选择简单易懂、便于操作的指标,而不是教材上讲得头头是道的理论。举例来说,现金流量折现后算出的公允价值,对操作的专业性、技术性要求都很高,大量中小微企业多年也不会遇见一次,实用价值不大,所以出现了学归学、做归做的现状。至于利润或销售指标,不仅道理简洁明了,而且操作起来方便快捷,于是,目前绝大多数企业还是采用利润或销售作为主要计算指标、预算指标和考核指标。例如,《财富》除将利润、资产、股东权益、雇用人数等作为参考指标外,最通用、最主要的标准就是企业的销售收入,如果按销售收入排序,企业的位次在 500 名以外,即使是知名企业也不能上榜。①

究竟什么才是衡量企业价值最好的指标?解决这个问题需要考虑理论可行、实务可用、操作便利等方面,包括能够经得起检验、为大多数人所接受且有助于管理等。随着数智化的推进,当计算不是问题后,更理性的衡量价值的指标一定会横空出世。

7.4.3 高质量会计服务的增值性

经济发展促进会计思维不断更新,以更好地满足经营管理和社会发展的需求。尤其是我国的经济发展指导思想已经从过去的数量扩张模式进入高质量发展模式,而高质量发展离不开高质量的会计信息。会计数智化转型就在于促进思维升级、数智统筹,确保会计信息是可靠、可用、高质量等。

创新会计价值将面临很多新课题,只有高质量的会计服务才具有高效性,彰显其增值性。一方面,会计如何将零散的、非结构化的数据转变为聚合的、结构化的会计数据,从而有效协同会计核算、会计监督、管理会计、内部控制等业务,进一步提升会计数据要素服务价值创造的能力,这是会计数字化转型面临的主要任务。另一方面,高质量发展需要高质量的治理,会计信息既要反映和

---

① 财富杂志评定世界五百强企业的标准是什么?[EB/OL].(2022-03-17)[2024-03-01]. https://zhidao.baidu.com/question/185437594178258884.html.

解析发展状况，也要揭示和解释治理现状，包括反映经济高质量发展的状态和治理现状，抑制低质量的经济活动与趋势，为实现高质量发展提供前瞻性的意见或建议等。

一要检验经济活动是否动态满足市场需求及其满足的程度。企业的经济活动应以市场需求为中心，并体现在会计计量和记录上，如产销比、市场占有率、应收与销售占比等，可以作为动态计量企业经济活动质量的指标。

二要透视经济活动能否引领市场发展。经济高质量发展集中表现在企业是否有创新精神，在会计计量方面要关注全员劳动生产率，衡量科学技术发展、组织革新、专业化水平进步、生产工艺/用料/流程创新等各维度的提升。

三要衡量经济活动的高科技价值量，比较研发经费投入强度，关注投入规模、投入结构和投资效果等维度的科技价值。尤其应当计量和记录数据资产的价值及其乘数效应，体现数据资产对新质生产力的贡献等。

四要度量企业的社会经济责任，体现经济、社会、自然协调发展的协同情况。会计分析中除了经济增加值率、资本保值增值率外，还可以从宏观到微观，从经济、社会、自然多方面的协调发展要求来观察企业肩负起的社会责任。

会计实践与管理（治理）实践有着相伴相生的历史。管理是社会经济发展的产物，会计的发展不仅与管理发展的历史动因相近，而且两者在发展中相向而行。会计的初始动机是满足某种管理的需求，管理科学的不断发展丰富了会计的理论与实践，并不断要求会计工作为经营管理服务。会计服务的价值或其增值性在于能够充分调动会计职能的能动作用，积极服务于管理活动和综合治理不断发展的内在需求。会计人员应当不忘业财融合、算管融合之初心，牢记为管而算、算为管用之使命，做有价值并能贡献价值的专业人员。

第 8 章

总　　结

8.1　会计转型前景无限

8.1.1　数字化转型与数字会计前景

会计前景是指将要出现的会计情形，或会计事业在发展过程中，根据现有的发展水平和内外环境等，对未来的方向、作用、规模等的预测和推论。影响会计前景的因素有很多，其中，新技术、新理论或新思想对会计领域的变革具有引领作用，包括数字经济导致数字会计以及会计观念的诸多变化；新理论和新政策引导会计学科、会计工作向着更好地服务于宏观和微观经济活动的方向发展；新需求和新变化影响会计发展及其进程，推动会计活动和会计规则做出适应性调整；等等。

数字化转型由愿景驱动，若拘泥于现状则很难打破过去的枷锁。只有对准战略规划，从"站在后天看明天"的视角来思考未来数字化会给会计行业带来哪些变化，才能有更好的前瞻性视野。国家数据局等 17 个部门联合印发了《"数据要素×"三年行动计划（2024—2026 年）》，以推动数据要素高水平应用为主线，以推进数据要素协同优化、复用增效、融合创新作用发挥为重点，推动数据要素价值创造的新业态成为经济增长新动力，使数据赋能经济提质增效的作用更加凸显。

数字经济促进了数字化转型，随着以数智技术应用为基础衍生发展起来的新产业、新业态、新模式的不断涌现，我们更要坚持业务和技术双轮驱动，而连接双轮的"轴"是数据。只有建立统一、清洁、智能的数据底座，才能支撑数字化转型和不断发展的新业务。数据底座是数字化转型的基石，也是会计变革的基础。具备数字化会计能力被视为企业数字化转型的先决条件和核心驱动能力。

数字会计是数字化转型和会计变革的必然。数字技术肯定是会计未来的建设重点，这就需要从更高视角看待会计发展的未来，以时不我待的紧迫感推进会计数智化建设，包括不断完善"数字化、精细化、定制化、个性化"等多维一体的服务框架体系和智能化会计生态，运用现代信息技术推进会计工作的数字化升级与智能化改造，以高集成功能、高安全性能、高应用效能满足不断增长的信息需求和服务要求。既要利用大数据技术实时监控企业的会计数据和业务数据，从而及时发现问题和风险，并预测未来的趋势和变化，又要用大数据技术对海量数据进行分析，实现以往人工无法实现的高效率和高质量，从而更准确地了解企业的财务状况和业务运营情况，实现业财深度融合，还要在大数据技术提供数据分析的基础上，发挥会计人员的聪明才智，更好地为企业决策提供支持。

数据治理内涵丰富，需要平衡好发展与安全、保障数据权益与激发市场活力、创新监管方式与推动数字赋能等方面的关系。其中，数据质量是数据治理的核心，是会计部门责无旁贷的核心工作，它既要保证数据的质量，又要提高数据的利用价值，还要降低数据成本和相关风险，并为数据的分析、决策和业务创新提供高效率供给、高速化流通和高质量保证。为此，应分类、分级建立数据资产预警和应急处置机制，深度分析相关领域的风险环节，梳理典型应用场景，对数据资产泄露、损毁、丢失、篡改等进行与类别、级别相适的预警和应急管理，制定应急处置预案。出现风险事件，及时启动应急处置措施，最大限度地避免或减少资产损失。

8.1.2 智能化提升与智能会计前景

智能化旨在提高生产率，即用更少的人做更多的事，这是有效发挥数据、算力、算法作用的成果。智能会计将"人工智能与会计信息"或"数智技术与会计思维"有机融合，将提供智能化平台，有效支撑新质生产力的形成和发展。生产力的数字化、智能化是新质生产力的重要特征，也是新一轮科技革命和产业变革条件下生产力发展的基本趋势。智能会计的发展方向将突破传统会计的局限，通过充分利用数字化工具和智能化技术来进行数据挖掘，构成以数智行动为核心的管理会计信息系统。智能会计至少包括覆盖会计流程的智能化和理财过程的智能化：其一，基于业务与财务相融合的信息共享平台是智能会计的基础；其二，基于商业智能与智能会计的管理平台是智能理财的重要功能；其三，基于人工智能与深度思考的学习平台（包括不断提升理解、分析、解决问题的思维以及自适应环境的生存能力）是智能会计不断发展的核心内容。

继续进化的人工智能会产生自我意识吗？从"加法效应"到"倍增效应"或"乘数效应"的升级，是科技进步的必然，但如何让强大起来的人工智能有良知、有底线，事关人类的命运与前途，则是个大问题。一方面，人知道自己的有限性，包括有限的理性等，所以，智慧的人能够限制自身的思维和行为，不去做不能做的事；另一方面，机器的能力可能是无限的，且习惯于做"加法"或"乘法"，那么，智能机器人将来是否会超越人类，进而威胁人类？在充满套路的当下，"聪明"有些过剩，靠谱才最重要。无论技术发展到何种程度，都应当是人类智慧的产物，只能接受人类的"驾驭"而不能"凌驾"于人类的价值和意志。

"自学习""生存式"的人工智能还可能被人为滥用，出现数据舞弊、机器舞弊、智能舞弊等，存在难以确知的风险和难以识别的危机。输入计算机系统的是"垃圾"，如果没有经过去伪存真等过程，输出的就可能是更高级的"垃圾"，但伪装的狐狸比狐狸更狡猾。信息安全将受到越来越大的挑战，因而信息系统的内部控制问题将日益重要。人类的思考确有缺陷，但会针对实际情况随机应变。而机器会怎么想，又会怎么做？如果没能控制好，则可能带来灾难。智能化带来了速度、便利和诸多人类想要的东西，但若触碰了人类的底线，或危及人的本体怎么办？所以，一定要让人工智能具有数字向善的功能，切忌被邪恶的势力或别有用心的人利用而走向异端、误入歧路。会计履职在这方面具有引导向善、守正驱邪的重要作用，为此更需要不忘如实思维之初心，牢记求真务实之使命。

8.1.3 职能化拓展与会计职业前景

自然经济发展阶段的生产目的主要是自给自足，经济关系较为简单，国家仅需通过簿记核算其财政收支状况和结果，为考察"量入为出"的财政思想服务，民间商业和手工业也只需要通过单式簿记核算其收支，以便在收支相抵中求得收大于支的结果。"账房先生"泛指记录账簿的人,"核算工具论"是人们最早对会计的基础性认知。

伴随资本经济关系的萌芽,复式记账在金融业、商业等行业的应用逐渐普及且复杂起来。进入机器大工业时代后,不仅通过复式簿记显示收支管理中的来龙去脉,而且将家计与企业簿记分离开来,使企业的经营管理得以独立,并逐步把加强成本核算作为加强管理的一个主要方面,导致会计思想由"核算工具"变为"管理工具"。"会计管家"善于当家理财的形象对发展市场经济的作用日益显著。

算与管难解难分。有管的愿望和思维,才有算的行为和方法;有了会计的算,便有了会计的管;会计的管不可以脱离会计的算,会计的算又应当始终围绕会计的管。但受到会计环境的变化及人们认知水平的影响,算与管的内涵、外延以及相融合的程度是不一样的。旧时的簿记以算为主,以管为辅;现代的会计逐渐将算与管并重,提倡算管结合。从会计对管理的能动作用角度分析,会计当以管理(或管控)作为主导方面,核算起到信息支撑作用。

随着以新技术革命为基本特征的新业态的不断出现,信息经济由此成为发展的潮流,"信息系统论"开始进入人们的视野,促使科技工作者与管理工作者协同考虑实现管理过程中的人机结合等问题,并侧重于向管理当局提供有助于预测、决策、控制、分析、考评的各种信息。未来会计也将以人机协同的智能形象出现,成为"管理高参"。会计部门正在突破职能边界、技术边界和数据边界,转化为企业的数据中心和算法部门,通过追溯过去、反映当下、推演未来,促进各项业务活动数字化、智能化。

会计活动正在跳出"核算工具"的桎梏,迈进"信息系统+管理会计"的大门,成为数字化智能活动和现代经济社会的信息中枢系统,并具有关键性的管控职能。这是时代的选择、会计的担当和历史的必然——会计职能必将在与时俱进中不断拓展和跃升(如图8.1所示)。

核算工具 → 管理活动 → 信息系统 → 数字化智能系统

图 8.1 会计职能的渐进发展历程

作为世界第二大经济体,中国的发展迅速,2022年GDP成功突破120万亿元,稳居全球第二大消费市场、第一大网络零售市场和第二大进口市场,由此催生了众多会计实体和更多会计自由职业者,给广大会计人员施展才华搭建了广阔的舞台。例如,主动服务好超 4 亿最具成长性的中等收入群体,包括代理记账、税务代理、财务咨询和消费引导等,无疑是未来会计的一个重要方面;利用数据信息帮助企业进行财务分析和风险诊断,开设"企业医院",成为"企业医生",未来社会十分需要经验丰富的财务诊断师或企业保健师来开展财务安全与财务保健活动……未来会计在新的领域将大有用武之地。

8.1.4 责任化担当与会计发展前景

"会计当而已矣。"(《孟子·万章句下》)一个"当"字凸显会计活动的思维内容和会计人员的行为指向。

一要敢于担当。职掌会计,当家理财,要在其位,谋其政,敢作敢当,脚踏实地,认真负责地做好本职工作。孔子既做过管仓库的小会计,又做过管牛羊的小官吏,最终成为伟大的教育家和思想家。

二要能够得当。计数用数能否得当,与会计规范密不可分。从实际出发,不夸大,不缩小,正确对待和处理各种相关的数据问题,即"应当思维"。

三要反对不当。守正必须驱邪,只有力克"不当",才能使之"得当"。要既能讲正义、守真理、做真账,又能识虚妄、纠错弊、不做假账。

四要善于适当。会计人员应当善于洞察会计困境,寻求解困对策,发现会计最优解,以正确适当的方式安排各项资金的来源与各种资金的用途,致使各项会计要素之间存在某种内在的制约关系或对应关系,用以防止各种不妥当、不适宜的失控行为。

五要力求稳当。稳当就是稳固牢靠,安全妥当。会计人员稳重,会计行为稳定,会计活动稳妥,这些都是会计思维的体现,是符合会计道德、行为伦理或社会标准的,是切合可持续发展的先进理念的,必将为数字经济的不断发展起到保驾护航、推波助澜的积极作用。

8.2 学思践悟智赢未来

8.2.1 通过学思践悟,缩短认知差距

数智化趋势锐不可当,会计人员不应刻舟求剑。时代在进步,思维不停步。既要通过更新知识去适应,也要通过转换维度、提高认知去思考。学思践悟是把学习、思考、实践、感悟结合起来,是达成知行合一应当遵循的科学方法。

"思"就是思维,其连接了"学"与"践",然后归结到"悟"。"学"了之后,对学的内容进行"思",最终把"思"的成果运用到"践"中,然后从"践"中获得"悟",这个"悟"应当是来自实践或者说经过"实践检验"的思想。学思践悟不断循环与渐进,就是增智赋能、提升慧识。

大脑像一台计算机,其性能的高低主要来自三个方面:一是硬件部分,即大脑本身,每个人都差不多;二是数据(信息)部分,包括经验、感知、知识等,这需要长时间的积累,人与人的差异较大;三是软件部分,主要是思维方式和各种技能形成的认知差异。

信息差是人们在获取和理解信息时存在的差异。不同的人由于接触的信息、视野、背景、经验等因素,会从不同来源取得不同的信息。如果缺乏信息或信息不对称,就容易导致不明智的选择。所以,获取尽可能全面、准确的信息尤为重要。

认知差是对同一信息产生不同的理解,从而衍生出不同的行动。人们一方面应该努力去理解并尊重不同的认知方式,以便更好地与他人沟通和协作,另一方面应当勤思多想或改变思维方式。

在信息传递的过程中,认知差会放大信息差的影响,信息差也会增加认知差的发生概率。故应该尽可能减少信息差并提高沟通效率,以避免认知差的出现。信息差导致认知差,认知差加剧信息差,两者相互影响、相互作用,形成一种息息相关的循环。为了有效应对信息差和认知差,人们应该不断提高自身的信息素养和认知水平,在拓宽知识面的基础上,经过多维思考,增强对不同信息的理解能力,以减少因认知差所造成的信息差。虽然信息差和认知差不可避免,但通过有效的思维活动可以减少这些差距的负面影响。

缺乏信息,难以自主,就很容易在问题面前摇摆不定,不能自省;缺乏知识,难以自信,就很容易在挫折面前自暴自弃,不能自觉;缺乏认知,难以自立,就很容易在困难面前打退堂鼓,不够坚强;缺乏智慧,难以自强,就很容易在竞争面前败下阵来,不能持久。在"会计思维+数智赋能"的驱动下,各种信息集约成知识,提升为理性认知,进化为会计智慧,其逐层提炼、升华、递进的过程,既是信息数据采集、清洗、分析和挖掘的过程,也是知识建模、认知整合、智慧提炼的过程(如图 8.2 所示),其中,思维活动在学思践悟的增智赋能过程中作用非凡。

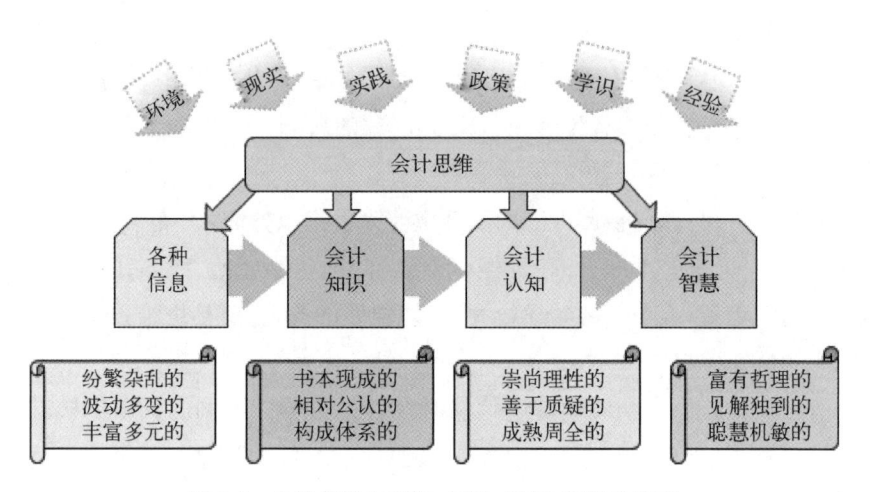

图 8.2　会计思维与信息、知识、认知、智慧的关系

8.2.2　研究思维路径，探求思维方法

思维具有横向和纵向两大类。横向思维就是从不同维度看事物。"横看成岭侧成峰，远近高低各不同"，通过切换视角，力求看到事物的全貌，让认识更加全面。比如系统思维，就是以俯视维度看各个要素之间的关联及其相关属性。纵向思维主要是逻辑思维，如时间关系、因果关系等，重在有效推理。无论是横向还是纵向，都源于事物间的普遍联系。横向思维侧重于多维度的全面思考，纵向思维侧重于单一维度的深入分析，两者可以交叉配合使用。

思考有维度(线是一维、面是二维、体是三维)，有时态(静态或动态，过去、现在或未来)，有态度(消极或积极)，有长度(近期或远期)，有深度(表象或内在)，有广度(本位或全局)等。当知识以碎片形式存在时，就需要思维将其整合成型。思维模式是人在认识和处理问题时的一种相对稳定的思维方式，是一种长期生活和工作实践中形成的习惯性思考方式，是对待问题的一种基本态度和价值取向。任何人面对问题时都会根据自己已经形成的思维模式来分析、判断和解决问题，包括形成看法和感受，从而影响行为和决策。

思维可以做是非题，也可以做单选题、多选题或问答题。例如，对工作以后的读书，是读得多好，还是读得精好？是有的放矢学好，还是边用边学好？面对疑难问题，究竟是非此即彼，还是由此及彼，或者彼此共存？每道题的答案都是思维的结果。

思维是个矛盾体。有人喜欢矛,有人喜欢盾,有人喜欢矛盾并存;有人善于以矛攻盾,有人善于以盾抵矛,有人善于矛盾互攻。一切矛盾都源于想要什么的思维过程。

思维存在因果关系。有人重视原因,有人重视过程,有人重视结果。具有闭环思维的人会在认清现状的基础上,问果求因,追因溯果,从过去的教训中吸取经验,对工作过程进行反思并反馈信息,对结果负责。

思维具有难易程度(深浅度)。简单的思维是"输入→输出"型的,根据一个输入的信息去计算、判断并得出一个输出的信息,就像简单会计分录,只有一借一贷的对应关系。复杂的思维可以根据多个输入的信息去对比、分析并得出一个输出的信息(或根据一个输入的信息去对比、分析并得出几个输出的信息),就像复杂会计分录,可以是多借一贷(或一借多贷)的对应关系。复合的思维是"输入→系统→输出"型的,根据多个输入的信息,经过系统整合后,得出多个输出的信息,就像复合会计分录,可以是多借多贷的对应关系。

思维还有一定的结构模型和内在路径。例如,某件事情的运作是因果关系、结构关系还是系统关系?属于线性思维还是非线性思维?对简单易行的问题,线性推理也许可以应付;但对相对复杂的问题,就需要借助结构化思维予以应对;对错综复杂的棘手问题,则需要系统性的整体思维了。越是复杂的问题越需要深度思考,没有经过深度思考的行为是有风险的,而深度思考需要经验技巧、方法流程、科学原理和哲学视野等。图 8.3 就是应对问题的不同思维路径,从而形成不同的思维链架构和一定的结构化思维模式。

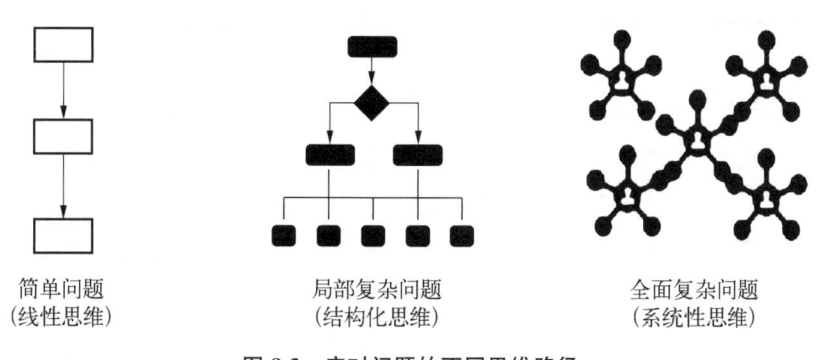

简单问题
(线性思维)

局部复杂问题
(结构化思维)

全面复杂问题
(系统性思维)

图 8.3 应对问题的不同思维路径

合适的思维模式或思维链步骤助力思维的有效性。思维链是有方向的思维过程,从问题提出直至问题解决,就像一根链条,一个节点连着一个节点,绵延不断,将人们的思考引向思想的深处。深刻的思维能够挖掘事物产生的根本原因,推断事物的深远发展结果。所以,有效思维链中的各个思考步骤之间都应有逻辑关系,相互连接,形成相对完整的思考过程,并尽可能全面、细致,不忽略可能的因素及其影响,且每个思考步骤都应该是可行的、可验证的。

思维的框架或结构对厘清思路很有帮助。首先要有利用整体性思维框架的构想,罗列所有能够想到的要点,通过绘制决策树模型或鱼骨图等方法,在确立主要问题的基础上层层分解,直至所有疑问都被找到,再分析关键问题并提出初步的解决问题的思路。然后采用连线归类(收敛和发散)。推理时可以按照时间顺序(时间的先后)、结构顺序(整体和部分)、重要性顺序(按照同类事物的逻辑关系、共性的强弱排序),因为条理化和对应性能够帮助人们厘清思路。接着形成框架。根据分层分组的结构构建框架,如思维导图、逻辑树等。最后检查框架。要关注完整性,不要遗漏重要事项;要注意独立性,各项工作之间减少交叉重叠;要注意可理解性和可操作性;等等。

当人们习惯于被动接受信息时,就可能失去主动思考的意识,思维就"懒惰"了,容易在经验的框架内打转,导致陈腐的认知。怎么办?以下几条思维方法比较快捷实用:一是剥离情感,关注事实。感性思维是点状的,对事件缺乏延伸思考,只是基于某个情绪点进行主观判断。在分析问题时,不应夹杂情感和私心,而应把事实和观点区分开来,再一一仔细斟酌。事实本身并不能直接告诉人们什么才是正确的,如果持有的理念错了,给出的解释就是错的,这可能带来无穷的后患。二是数字列举,厘清思路。给思维活动或一段话语标上序号,顺次递进思考,不仅能理顺逻辑关系,而且能清楚表达层次。三是沉浸式演绎。在碎片化时代,不少人的思维是观众式的,这时必须把自己的思维变成沉浸式的,把自己代入角色中,静下心来,独立思考——如果换作我,我该怎么做……四是厘清思维线,如时间线、因果线等,并能举一反三,运用迁移、类比、加减等方式,与已知事物关联起来。五是思维反刍法。如采用复述法,用自己的语言说出来或写下来;或学习先进,把别人的高级思维吸收转化成自己的,通过升维思考来完善自己的思维逻辑。六是选择思考法。走出非此即彼、非左即右的困境,拥有第三选择或无边界思考法的力量,就会豁然开朗。七是结构性的整体思维。结构思维是面状的,拥有面状思维的人能主动挖掘更多可能性,给出兼顾各方的最优判断。八是化繁为简,提炼观点。能够从纷繁复杂的信息中抽取最重要、最有用的信息,形成自己的认知逻辑,且简单明了地传达给别人,这才是高手。

8.2.3　静心认知悟道，提升思维教养

会计知识浩如烟海，会计文献数不胜数，会计环境经常变化，这就需要不断学习和调整认知，不断增长见识并扩大视野等。知识从何而来？读书、读人、读事；从书中学，从人中学，从事中学。学问的多少体现知识的体量，学历可能是学识的一个标签；见识是一个人的经历，是一种经验的积累，是一种胸襟和眼界。有学识没见识，很容易孤芳自赏、刚愎自用。有学识有见识，需要有很好的思维熏陶和思维教养。

知+道→知道。获得了"知"中的"道"，就能知其然并知其所以然。"然"就是"道"，就是规律，就是"本来面目"，就是"如是"的"是"，就是"是其所是"的是，就是实事求是的"是"。知识不等于知道，也不等于智慧。学习知识要善于思考。一方面，知识并非完美无缺，对其需要有认知过程；另一方面，人的认知受到思维方式和价值导向的支配，有人这样想，有人那样想，莫衷一是。有了知识不运用，好比播种不耕耘。有了知识没良知，犹如魔鬼害人间。

思考+维度→思维。人的思考空间可能局限于某个点，就像写错一个数据，只关注出错的数字。当你拓宽思维空间，将数据差错的来龙去脉、对其他数据的影响、可能产生的后果都纳入思考范围，思考便有了维度，可以实现由点到线再到面的蜕变。换个角度理解问题，会有茅塞顿开之感；借助升维思考，问题可能迎刃而解。

一元思维，从 A 到 B，从 B 到 C，是一种单一的线性思维。例如将某个想法带进头脑，就直接激发另一个想法；或采用假设来看待现有的问题，运用"如果……就……"进行推理性认知。

二元思维具有双向的辨识能力（包括正反、是非、对错、纵横等），能在联系中，站在对方的角度去想问题，听得进不同的声音，辩证地看待问题。

多元思维能够跳出点、线、面的限制，其立体思维的侧面更多，认知更全面，不仅能兼容不同的观点，而且能理解相互矛盾的普遍存在性，善于去粗取精、兼收并蓄，仿佛自带"过滤净化系统"。多元思维不只是方法论，从本质上看，其是一种认识事物的基本态度，这个态度是包容的、系统的，有助于扬长避短，整合成一种系统性的思维。

经济活动复杂多变，舞弊手段变化多端，所以要善于多元思维和辩证分析，

学会普遍联系地而不是孤立地、客观地而不是主观地、发展地而不是静止地、全面地而不是片面地、系统地而不是零散地观察事物、分析问题、解决问题。

会计思维随处可见。就记账方法而言,单式记账、复式记账、三式记账就是会计多元思维在不同核算历史阶段的体现。从计量方法看,在一个会计系统中,只有历史成本计量,那是一维的;同时采用历史成本和公允价值计量,就是二维的;采用多种计量方法,则是多维的。

每个人都有三个世界——我的世界、周围的世界和公共的世界,其间还渗透着边界维度——个体利益、团队利益、组织利益。三个世界的边界不同,适用的规则也不同。一笔经济业务发生后,对其的理解有不同的角度——"情"的角度、"理"的角度、"法"的角度。"情"侧重于我的世界,"理"侧重于周围的世界,"法"侧重于公共的世界。

理解经济业务有过去、现在、未来的时间维度。以始为终的思维是在事情终结的时候以起点作为参照物,看自己有没有偏离初心。以终为始的思维则要求在事情开始的时候就以终局为参照物,关注自己能不能达到目标。发问"会计是什么?会计将是什么?会计应该是什么?"就是在以始求终,以终为始。基于始终、时间、因果等考量,有助于提升系统思维的层次。

所有维度各有作用,思维过程可能用到其一,也可能混用或交叉使用。点汇成线,线聚成面,面合为体。思维有路径、有技巧,运用得好,就能高人一等。会计思维能力的训练也是一种有目的、有计划、有系统的理财教育活动。

8.2.4 追求真知灼见,智慧高于智能

智慧的进阶可以从数据积累开始,形成各种信息,由经验汇总提炼成知识,经过系统性思维形成结构化的认知体系,进而达成智慧。成功的 CFO 都在培养自己的思维方式,不断增智赋能。

智慧是高度理性的,能够想清楚是最为重要的。从知识到智慧,中间隔着正确有效的思维及其认知。成功的会计人员都有奋斗的目标,都有自知之明,能静下心、沉住气、认真想,不仅能守底线,而且能划边界、知进退、有定力。智+慧→智慧,是指智识与慧识圆融通达。智,从日、从知,日知为智,说明日积月累的重要性,所以应当做"加法";慧,从心、彗声,打扫心灵的尘埃,应当学会做"减法"从而保持心明眼亮、聪慧机敏。不少 CFO 既有真才实学,又有真知灼见,所以能勇立潮头。科学的认知源于客观事物及其规律在头脑中的正确反

映,是职业判断精妙绝伦的主张,是经得起实践检验的。

智慧可以从前人的认知中获取,也可以从自身独特的经历中汲取,但重要的是能学以致用、知行合一。会用或善于运用的过程中存在着有效思维的问题。如果知识被束之高阁或被滥用,则不仅不会产生正向力量,而且会有反作用。所以,智慧不仅存于现有的知识,更体现在运用知识的有效认知和行为能力中。比如,理财智慧的核心在于正确有效且富有哲理的思维活动,如实思维、平衡思维、合规思维、谨慎思维、价值思维等系统性的会计思维活动正是智慧化理财活动的具体内容与生动写照。对思维规律和方法的研究可以揭示认知的本质,可以认清智慧化理财的运作规律与发展方向。智慧高于智能。智慧思维是竞争取胜的法宝。

"悟道"是强大的思维方式,也是智慧的来源之一。"悟"是动词,有觉醒、觉悟之意。"心"与"吾"相联系,表示"一箭正中靶心"的状态。"悟"的本义就是正确理解,正好明白。"悟"与自我觉知和深度思考相关。知识和技能可以通过学习获取,智慧则要靠"领悟"才能获得。一个智慧通达的人,既在于记忆力强、脑子转得快,又在于保持开放的心态,能快速融入新的情境,不仅能够应对已知的挑战和难题,而且能够从不同的角度出发寻找解决问题的方法,能够看到问题的本质,提出新的观点和想法,创造性地解决问题。真正的智慧不仅是知识的积累和理性的思考,而且包括道德修养、自我认知、创新思维等方面,是一个综合性的概念,需要不断培养、熏陶与提升。

数字化进展虽快,但内在有序。信息化走进数字化、迈向智能化后,一方面,人要向机器学习,增强辨识真伪、择优决策、快速应变的能力,以便具备驾驭机器的能力;另一方面,"智慧化"是基于人的生理和心理的更高级别的思维能力,是一种动态发展的生态模式,当数字经济智慧化后,人类应当更具智慧,包括应当引导机器智能前行,而不是相反。这里肯定存在难以避免的博弈和较量,就看谁比谁更具有智慧了。

8.2.5　研修会计思维,遵从思维规律

会计思维是人类文明的结晶,是嵌在会计史上的瑰宝。优秀的会计思维将随着经济发展深入人心。会计头脑能够恪己守正,秉公思考,充满着理性规则的思辨、知行合一的联动、有效理财的智慧,在文明与进步的传承中功不可没。尤其在复杂多变的当下,重视对会计思维的研究应当成为当务之急,这属于会

计领域重大的基础性研究和重要的学科建设。然而目前对会计思维的研修与更新比较落后,这与"假、大、空"的浮躁心态和浮夸学风有关。缺乏研究,缺少教本,没有先生,哪来学生?在快速应变的过程中,人们应当静下心来寻找底层的逻辑、认知的规律和恒定的力量,从而具有昂首前行的正气、笃行致远的底气和长期存活的勇气,特别是在面对会计诚信危机和信息化浪潮的冲击时,重视会计思维,活跃会计头脑,重塑会计形象,树立会计自信是相当重要的。

会计思维与理智聪慧相关。智力发达、记忆力和理解力强的人,对人、事、物有自己的想法和认知逻辑,不会在琐碎上沉沦,却会在思维中沉淀。聪明在于将别人撞得头破血流的教训作为自己的经验,而不是非要撞了"南墙"才回头。智能会计越发展,智慧升级越重要。

会计思维与勤勉成熟相关。深思熟虑助人精明强干。"学而不思则罔,思而不学则殆。"(《论语·为政》)"业精于勤荒于嬉,行成于思毁于随。"(《劝学解》)。行动能否成功有时就在于能否深度思考。思维是灵魂的自我拷问,是思想的不断淬炼,是智慧的不竭源泉。

会计思维与人格修为相关。会计确认、计量、记录和报告的过程,与职业判断过程、专业精神和逻辑认知紧密相连。独立的人格不是藤蔓,而是一棵参天大树。盲从、屈从与独立思维格格不入。会计人员应当眼观六路、耳听八方,更应当自主自觉、自我负责。人要有内在定力,稳得住神、管得住身、抗得住诱惑。能够稳健笃行,平衡左右,与时俱进,才是有真智慧。

会计思维与主动意识相关。活鱼会逆流而上,死鱼才随波逐流。每个人的认知会处于不同的阶段,想要越阶升级,就要开动脑筋、主动作为。有些人的想法是被种植的,随波逐流的结果很容易导致群体盲从。有思想的会计人员处处争取主动,能够审时度势,适度做出反应,包括在汇报工作时,不仅展示信息数据,而且善于说明问题、说服领导、积极引导,以满足会计信息使用者的多方面需求。

会计思维与自我反思相关。清晰的理性思考离不开对自我认知的思考,即对自身思维的觉察。不怕田瘦,就怕田漏。良田出现漏水,哪怕种子再好,耕耘再勤劳,也是徒劳。不思进取的后果就是逐渐变质,不进则退很容易导致行为没落。管理者尤其是高管的思维方式不仅影响自身,而且关系到他人甚至企业的命运,所以管理者不能随心所欲,而要善于反思,不断改过,自我觉醒,追求上进。

会计思维与宁静致远相关。一个四处奔波、备感压力、案牍劳形、焦头烂额的人,是没有时间静下来认真思考的。只有平稳沉着、专心致志,才能厚积薄发、行稳致远。静与稳,是智慧与能力的融合。工作越忙,越要善于挤出时间静心思考并稳健笃行。

重视并研究会计思维,意在提升智商、锻炼慧眼、培养慧识、具有智慧,这也是本书研究的宗旨,即在提炼、总结、归纳各类会计思维的基础上,助力会计人员具有良知,能良性发展。一个人、一门学科、一种专业的成功度(高度)取决于思维的认知度(高度)。在快速变革的当下,只有思维正确且有效,行动才能正确且坚定。会计思维善于用数字说话,最能理解数据系统化的奥秘。不忘如实思维之初心,牢记求真务实之使命,是身处数字经济时代的人们最需要具备的品质。

8.3 共享思维与大会计时代

8.3.1 会计智能与共享思维

目前,社会分工越来越细,要求越来越高,且呈现整体性、系统性、交叉性的特征,各种社会分工之间的边界越来越模糊、联系越来越紧密、关系越来越复杂。微观上,企业发生的经济业务与会计活动,与外界的物质能量和信息交换同时存在、相互交织。管理上,企业要求会计提供全面、系统反映经济活动质和量的数据,包括有关企业整体、局部、层次、结构、功能、环境及其之间关系方面的信息。会计活动既要有"分"的思维,也要有"合"的思维,包括"一体化"理念、"共同体"意识、"多赢"视角等。

"共享"最初的含义是参与、分享,又指参加、分担,意味着个体被接纳并融入某个整体中,且做出个体的贡献。共享思维方式倾向于把事物作为一个整体来看待,产生于人类早期,曾经是人类文化发展中的一种主流思维方式。

共享思维是一种多元的"共赢"思维。史蒂芬·柯维(Stephen Richards Covey)指出,人们在面对难题时,不应只有两种选择——做或者不做、支持或者反对、我赢或者你赢、成功或者失败,事实上,还有第三种选择,这指的是双方找到一个共同的解决方案,让两者的利益都最大化,也就是我们常说的"双赢"思维。第三种选择不是你让一步,我退一步,更不是简单的妥协,它涉及一个人思维模式的转变,自我防御机制的打碎和重建,还涉及双方是否愿意沟通的问题,其核心是创造力。每件事都存在第三种选择，每个人都有获取第三种选择的能力。要解决最棘手的问题，我们必须彻底改变思路。第三种选择不是"听你的"或者"听我的"，而是寻找"我们共同的方法"。我们的面前总是充满难解的、看似无解的问题，于是我们失望，决定放弃，或勉强接受一些最终还是会让自己觉得很糟的妥协。面对任何问题，人们惯用的第一种选择就是按照"我"的方式来进行，第二种选择就是按照"你"的方式来进行。冲突点往往就在于，到底是你的选项比较好，还是我的选项比较好。然而，不论选择哪一方，都会有人觉得受伤或牺牲，这时不妨考虑第三种选择：超越你的或我的方式，设法找到更高明、更好的方法，让双方都能从冲突中找到一条出路。[1]

信息的互联互享互动具有前所未有的巨大创造力。互联是将分散的信息相互联结，实现信息的"零距离"，使信息传递畅通。互享是将众多信息集聚在一起，形成海量数据库，可为广大人群所分享和使用。互动是将不同的信息集中起来使用，信息之间互动交融，将产生新的有效信息。

会计智能共享是一个由智能会计核算系统和外部信息采集系统形成的数据融合平台，是将原来分散的信息从原来的业务单元中剥离出来，由会计部门进行处理并提供统一服务的一种新型管理模式。它实际上是企业的大数据中心，具有场所集中、人员集中、业务集中、链接在线、数据集成等特点。通过共享中心，企业"大脑"或头部组织获取信息、进行决策、发出指令；企业"前线"或"作战"单元接受命令、落实执行、反馈信息。共享中心可以连接供需两端，整合资源要素、重构业务逻辑、体现价值增值等。

我国会计经历了从分散核算、集中核算到共享会计服务的过程。在互联互享互动的驱动下，会计视野迅速扩大，共享思维与协同共享价值的理念得到普遍认同，共享会计正在成为数智化发展的关键驱动因素。不少企业的会计转型始于共享服务，转型方向将全面走向业财融合，并促使财务会计、管理会计、税务会计等全面走向融合统一。共享思维培育出"大会计"，且成为行业发展的新趋势。

8.3.2　经济大发展与大会计时代

大市场、大发展将催生大会计，这不是什么人主观臆想出来的，而是有其客

---

[1] [美]史蒂芬·柯维.第3选择——解决所有难题的关键思维[M].北京：中信出版社，2013.

观必然性的,是现代经济发展、科技发展、管理发展对会计的要求;同时,会计科学本身也在不断更新、充实和发展,其变化具有明显的纵横交织、边缘交叉、综合发展、不断做大的趋势。这种发展态势在会计信息化的年代就显露端倪。"大会计科学"之"大",表明会计学发展到一定阶段,会计领域在扩大,会计深度在加深,会计学的内容和性质在发生变化。说"大会计科学",意在引起会计界的重视,加强对"大会计科学"的研究,推动会计事业的发展。[①]

"大会计"的说法古已有之。据考证,"会计"的概念早在夏禹时就已产生。《史记·夏本纪》有言:"自虞夏时,贡赋备矣。或言禹会诸侯江南,计功而崩,因葬焉,命曰会稽,会稽者,会计也。"《越绝书》则曰:"禹始也,忧民救水,到大越,上茅山,大会计,爵有德,封有功,更名茅山曰会稽。"大禹受命治水,东巡至越,大会诸侯,计功封爵。为纪念此次会计活动,当时的茅山被改称为会稽山("计"与"稽"同音)。

2004年10月23日,南怀瑾先生在上海国家会计学院演讲时说:"人类的秩序,到底还是与钱关联的,还是要会计。""我们的祖师就是这个大禹。一点也没有错,大会计就是这样来的。""会计的范围非常大,所谓经济、财政、税务,都是属于会计的范围。""孔子做过会计的,你看多光荣啊。你们读会计学院,将来出去做个招牌,一边挂大禹像,一边挂孔子像,或者大禹像挂前面,孔子像挂后面。大家一看,做会计的真了不起。""计利须计天下利,求名当求万世名,这是我们大会计的目标,也是需要警策、标榜自己的。""会计是个技术而已,这个技术容易学,但是要能把自己的胸襟、学问、思想放大,才是我们刚才的题目'大会计'的目标,才有意义。"[②]

会计言之为"大",是对会计发展到一定阶段后的再认知。厦门大学的吴水澎教授认为,"大会计"观是变化的世纪和变革的会计的产物。[③] 俯瞰当今会计,确实不应将其定位在财务会计这种"小会计"的圈子里。原财务会计的定位是对过去业务的结算,这些内容大部分通过电算化实现了,现在重要的是关于会计未来的发展方向,这需要通过数字化及其多方的融合共享来实现。

会计究竟有多大?"一分为二"观以为,会计包括财务会计和管理会计(有

---

① 于玉林.大会计学概论[M].上海:立信会计出版社,2002.
② 南怀瑾先生上海国家会计学院的演讲全文:大会计?[EB/OL].(2020-03-27)[2024-05-14].http://zhuanlan.zhihu.com/p/118479959.
③ 吴水澎.变化的世纪与变革的会计——"大会计观"的再认识[J].会计之友,2006(1).

专家倾向于采用笼统的"大会计"去谈管理会计，而不分财务会计和管理会计）；"一分为三"观以为，会计包括财务会计、税务会计、管理会计；"一分为四"观认为，会计包括财务会计、税务会计、管理会计、会计控制。华为的做法是将会计部门改为财经部门。近期流行的观点是，未来会计就是数字化智能会计，其包罗万象，涵盖会计的一切领域。

"大会计学"或"大会计"的范围（会计领域）应当突破传统财务会计的束缚，放大到所有会计工作对象、会计服务市场、会计研究领域，包括向前拓展至收集、整理、归纳所有相关的经济信息（会计信息和非会计信息），向后延伸至相关数据信息的甄别、优选和有效利用，向下寻求财政、税收等法规政策的支撑和约束，向上接受道德、环境、社会责任的审视和规范，还要在中间突破信息化、智能化的障碍，让数智与人机融为一体，具有大系统、大平台、大管控的综合性特征。"大会计"既要管过去，又要管现在，更要管未来。未来怎么管？就是要管预测与预算，管资源与配置，管执行过程中的控制与执行后的信息反馈等，这是未来会计应该重点考虑的事情。"大会计"正在从财务后台走向业财整合的前台，从事后核算走向支撑战略、支持决策、服务业务、创造价值和防控风险的前沿。

上海国家会计学院白晓红副院长在 2022 年度管理会计论坛"管理会计助力企业高质量发展"上提出要树立"大会计"思维。她从经济高质量发展的角度提出，现代管理会计要从国家宏观财务、产业部门财务、企业实体财务角度，在宏观、中观、微观的层面看待国家宏观财务和经济周期的问题，树立国之大者的"大会计"思维；现代管理会计行业是一个涵盖国家宏观、部门/地方中观、企业微观，同时贯通国际国内的"大系统"，系统内部各元素有机联系，共同推动行业发展；现代管理会计正在凸显基于企业生命周期、产业生命周期乃至世界经济周期的"大管理"趋势；现代管理会计正在构建一个枢纽型、交互型的信息化"大平台"，管理会计的职业胜任能力将被重新定义和构建，行业的变革将给会计人员有"大作为"的机会。

综上所述，"大会计"的发展趋势至少有以下几个主要因素的助推：

一是数字化、智能化的不断推进。传统商业模式、价值创造模式和经济组织模式的变革对会计变革提出新的需求，为会计管理活动注入新的要素和活力，也为会计创新服务带来更多可能。会计管理越来越细，其边界正在不断向外延展，企业开始重新思考会计的定位及其综合的职能作用。

二是业财融合、算管融合的驱动作用。企业需要推进更完整、更高质量的业财合一，需要进行多属性、多视角的数字化描述，需要统筹"会计视角"与"大局观念"，需要构建起"从业务中来，到业务中去"的大融合模式。

三是变革融合、提质增效的政策取向。会计要扩展其职能边界，力求全方位、多视野、更系统地提供高质量、高价值的会计信息。

四是人机融合运行的发展趋势。数智化为会计带来从环境到制度，从流程到模式，从报告到使用等的变革。人机协同是开启未来会计，引领人们进入会计大舞台的金钥匙。一些企业正在积极探索"业""财""税""管"一体化的智能会计发展方向，涉及组织架构、流程设计、账税处理、分析决策、预算和控制等，正在推动会计在数字经济时代发现价值、挖掘价值、利用价值并创造价值。

8.4 会计优势与会计自信自强

8.4.1 会计优势得天独厚

会计优势是指处于较有利的形势或环境或在某些方面超过同类的形势，包括本源性优势、绝对性优势和相对性（比较）优势等。

会计的本源性优势在于能够提供可靠、有用的会计信息，这种得天独厚的优势一旦丧失，会计将没有未来，或者说，会计能否提供真实可靠的信息关乎会计的未来。未来的变化将越来越快，情况也将越来越复杂，风险肯定越来越多，会计如果不真、不实、不可信，就会失信于社会进而失去未来。所以，未来所需要的一定是"真正"的会计，这才是本源性的思维。"真正"是指名副其实的。正确的会计思维，无论何时何地，都要坚守"真"（与"假""伪"相对）和"正"（与"歪""反"相对），要做一个守真实、走正道的会计人。

会计的绝对性优势是由会计职能禀赋所内生的履职优势。与其他工作相比，会计工作财权在手，具有如图 8.4 所示的"四强特征和四性优势"。

会计的相对性（比较）优势是由不断紧贴管理实践的专业服务思维所形成的具有较高附加值的优势，包括综合竞争优势和融合协作优势等。

一是系统思维优势。会计思维具有持续连贯、整体多元、全面准确、综合可比等优势，是人类思维的精华。会计专业及其技术方法的具体应用，使得会计信息具有完整性、连续性和系统性，这也是其他任何信息资料难以企及的。企业的信息系统大多以会计信息为基础、为核心。会计信息是经济发展和营商环

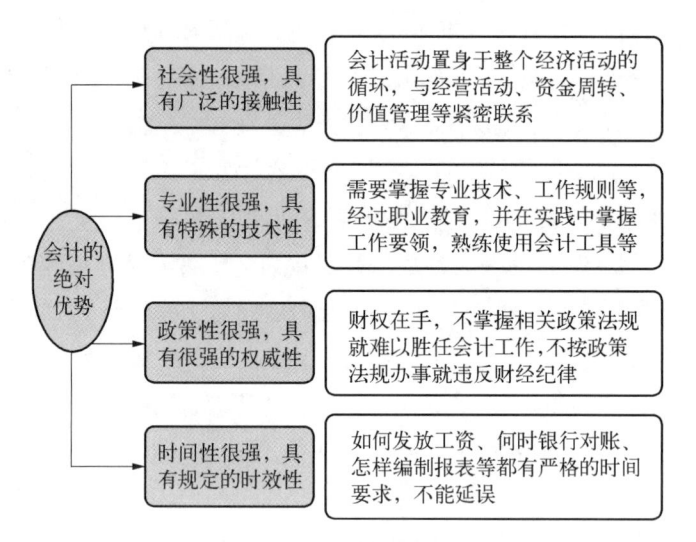

```
                    ┌─ 社会性很强,具    ─ 会计活动置身于整个经济活动的
                    │  有广泛的接触性     循环,与经营活动、资金周转、
                    │                    价值管理等紧密联系
                    │
          ┌─────┐   │  专业性很强,具    ─ 需要掌握专业技术、工作规则等,
          │会计的│   ├─ 有特殊的技术性    经过职业教育,并在实践中掌握
          │绝对 │───┤                   工作要领,熟练使用会计工具等
          │优势 │   │
          └─────┘   │  政策性很强,具    ─ 财权在手,不掌握相关政策法规
                    ├─ 有很强的权威性    就难以胜任会计工作,不按政策
                    │                    法规办事就违反财经纪律
                    │
                    │  时间性很强,具    ─ 如何发放工资、何时银行对账、
                    └─ 有规定的时效性    怎样编制报表等都有严格的时间
                                         要求,不能延误
```

图 8.4　会计的绝对性优势

境的"温度计",也是经济决策的重要依据。系统性的会计信息将有力支持高质量发展,这也是会计业务的"近水楼台"。

二是专业综合优势。会计作为综合性管理部门,涉及管理工作的方方面面,尤其是以货币作为主要计量尺度的资金运作更具综合性,这也是其他任何管理工具都无法比拟的。实物尺度和劳动尺度能够具体反映各项财产、物资的增减变动和生产过程中的劳动消耗,对核算和经济管理都是必要的,但这两种尺度都不能综合反映会计的内容。会计核算包括实物尺度(如千克)、劳动尺度(如工时)等,但以货币尺度(如元)为主,从而彰显综合性的会计特点。

三是当家理财优势。会计人员具有精明能算、制衡能控、执法能管、稳重能守等优势,其思维立足于当家理财的主动性,其优势作用在履职过程中不断显现。古时谁掌握会计谁就拥有权力,如今谁掌控财权谁就能说话算数。

四是资源整合优势。会计的履职重在严格遵守财经法规和统一会计规范,将企业的所有资源整合在会计记录和会计信息中,并使之具有可靠性和有用性。会计职能的演进实质上是在特定历史发展阶段在一定会计部门组织下和一定法规政策支配下的会计活动,是与一定历史发展阶段的会计责任、会计理论、会计思想、会计方法相协调所形成的一体化要求的集合体。不断拓展会计职能不仅成为会计自觉发展的优势所在,而且在不断整合各种资源以满足不断发展的相关需求。会计的相对性(比较)优势如图 8.5 所示。

```
                  ┌─ 系统思维优势 ── 会计思维具有持续连贯、整体多元、全面准确、综合可比等优势，是人类思维的精华
                  │
                  ├─ 专业综合优势 ── 作为专业管理活动的综合性部门，涉及管理工作的方方面面，其货币计量具有综合价值尺度
  会计的相对优势 ─┤
                  ├─ 当家理财优势 ── 既当家又理财，具有精明能算、制衡能控、执法能管、稳重能守、变革融合、提质增效等优势
                  │
                  └─ 资源整合优势 ── 业财融合、算管融合、管控融合职能拓展以彰显整合信息的作用，能够满足不断发展的相关需求
```

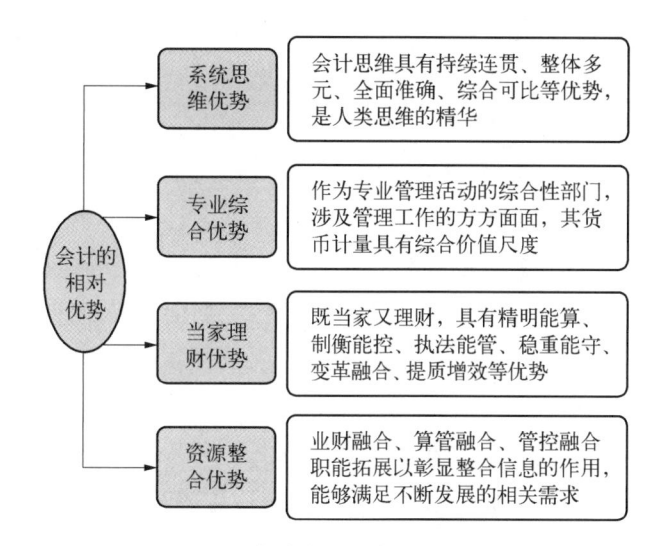

图 8.5　会计的相对性(比较)优势

举例来说，会计控制以资金控制为主线，以不同经济业务为综合控制对象，从而有别于其他管理方法，彰显其强大的控制力和有效的监管性，自始至终成为企业内部控制的基础与核心。观察发现，参加内部控制培训的学员大多来自会计及其相关部门，且以会计人员居多，为什么呢？一是会计控制的涉及面相当广泛，涉及供、产、销各个环节，上至董事会，下至普通员工的方方面面；二是会计控制的综合程度很高，作为一种价值管理，其包括筹资、投资、分配等管理环节；三是会计控制的客观依据充分，是有案可查，有规可循的；四是会计控制具有较高的灵敏度，且善于业财融合和数实整合；五是会计控制具有全面性、连续性和系统性，其过程相对完整。抓好会计控制就是抓住管控企业的"牛鼻子"，管控活动就容易落到实处。

8.4.2　会计文化、会计自信与会计强国

从会计大国向会计强国迈进，需要不断弘扬会计文化，增强会计自信，走会计自强之路，这事关我国会计行业和两千多万会计人员的发展前途，是支撑会计行业行稳致远、会计事业蓬勃发展的重要保障。

会计文化既是会计专业技能的基础，也是会计道德修养的基石，更是在长期的会计活动中形成的为大家所认可、遵循的，具有会计特色的价值取向、道德规范、行为方式的文明认知。共同的认知基础和价值观是和谐发展的前提。

会计行业要强大，就必须有文化自信。文化自信积淀着中华民族的精神追求，是中华民族独特的精神标识，是更基础、更广泛、更深厚的自信，是更基本、更深沉、更持久的力量。

会计自信是对会计文化拥有基础、广泛、深厚的信念。增强会计自信，既要追本溯源、正本清源，也要以文化启智润心。增强会计自信，既要不断提炼传统文化对会计人员价值观、道德观和职业精神的影响，又要注意现代经济发展与构建和谐的会计发展环境的关系，还要面向未来、面向世界、与时俱进。在此基础上，会计人员要静下心来自省自立、自主自强，写好"会计文化、会计自信与会计未来"这篇大文章。

在我的书柜中，一直端放着著名会计历史学家郭道扬的著作。自 1982 年拜读其《中国会计史稿》以来，跟随郭教授读史明志，知古鉴今。郭教授的《会计史研究：历史·现时·未来》(第三卷)在收官时自信地写道："经济发展持续而持久的辉煌，将使会计的金光大道永远灿烂，而昂首阔步走在金光大道之上的会计领导者、会计工作者、教育者与研究者，则将永远是全球经济可持续发展的保障，人类永远需要保护好地球的健康，人类也永远必须充分发挥会计控制的力量！"[1]展望会计前程，应当充满自信。唯有相信，才有信仰，才能坚持不懈。

致敬会计思维，拥抱数智时代。在全力推进会计大国走向会计强国的过程中，思维领航，数字驱动，智赢未来，这是数字会计成功转型的密码。确信思维力量，坚持数智方向，会计不仅有借方和贷方，还有诗和远方。

---

[1] 郭道扬.会计史研究：历史·现时·未来[M].第三卷.北京：中国财政经济出版社，2012：502.